国土资源部海岸带开发与保护重点实验室丛书

基于供给侧结构性改革的
土地宏观调控研究
——以江苏省为例

朱凤武　沈春竹　卜心国　金志丰 等　著

科学出版社

北京

内 容 简 介

本书系统分析了供给侧结构性改革与土地宏观调控的关系，以江苏省为案例，构建了基于供给侧结构性改革的土地总量调控、区域调控、结构调控、效益调控和评价监测"五位一体"宏观调控框架；分析了江苏省资源环境承载力和开发限制性，确定耕地、建设用地和生态用地等总量控制目标，制定总量调控的路径与机制创新；分析了江苏省区域总体格局演化，策应"1+3"重点功能区战略，制定差别化的区域调控目标和机制；分析了江苏省土地利用结构、城乡用地结构、城镇用地结构和工业用地结构特征，提出结构调控目标、实施路径和政策机制创新；分析了江苏省建设用地、城市用地和开发区三个尺度下的土地节约集约用地水平及面临的问题，提出效益调控目标和调控措施；构建基于供给侧结构性改革的土地宏观调控绩效评价、监测和预警指标体系。

本书可供从事土地资源管理、国土空间规划、土地评价、区域发展等学科的科研技术人员、政府部门人员、大专院校师生和广大有兴趣的社会公众阅读参考。

审图号：苏 S〔2018〕13 号

图书在版编目（CIP）数据

基于供给侧结构性改革的土地宏观调控研究：以江苏省为例 / 朱凤武等著. —北京：科学出版社，2018.6

（国土资源部海岸带开发与保护重点实验室丛书）

ISBN 978-7-03-057683-5

Ⅰ. ①基…　Ⅱ. ①朱…　Ⅲ. ①土地管理–宏观经济调控–研究–江苏　Ⅳ. ①F321.1

中国版本图书馆 CIP 数据核字（2018）第 122880 号

责任编辑：周　丹　沈　旭　冯　钊 / 责任校对：贾娜娜
责任印制：徐晓晨 / 封面设计：许　瑞

科 学 出 版 社 出版

北京东黄城根北街 16 号
邮政编码：100717
http://www.sciencep.com

北京凌奇印刷有限责任公司 印刷
科学出版社发行　各地新华书店经销

*

2018 年 6 月第　一　版　　开本：787×1092　1/16
2019 年 2 月第二次印刷　　印张：9
字数：206 000

定价：99.00 元
（如有印装质量问题，我社负责调换）

前　言

当今世界政治、经济格局正在发生广泛而深刻的变化，我国经济发展新常态的特征愈加明显，新一轮科技革命和产业变革与我国加快转变经济发展方式形成交汇，外部的诸多风险挑战与国内的改革发展稳定难题交织叠加，宏观形势更加复杂。2015年，习近平总书记提出，在适度扩大总需求的同时，着力加强供给侧结构性改革，着力提高供给体系质量和效率，增强经济持续增长动力，推动我国社会生产力水平实现整体跃升，强调供给侧结构性改革的根本目的是提高社会生产力水平，落实好以人民为中心的发展思想。党的十九大报告中指出，我国经济已由高速增长阶段转向高质量发展阶段，必须坚持质量第一、效益优先，以供给侧结构性改革为主线，推动经济发展质量变革、效率变革、动力变革，提高全要素生产率。国土资源部在2018年全国国土资源工作会议上，要求围绕现代化经济建设体系，不断深化国土资源供给侧结构性改革，完善资源市场配置，破除资源无效、低效供给，推动落后产能退出，优化存量资源配置，扩大优质增量供给，促进新动能形成，降低实体经济成本。

江苏省是我国的经济大省，综合实力强，但是人多地少，资源匮乏，环境容量小，资源环境承载压力大，发展转型正处在爬坡过坎的关键时期，经济持续增长的资源环境约束加剧，物质要素投入边际效益递减，解决发展起来以后的问题比过去更为迫切，解决先发展地区较早遇到的问题比其他地区更为艰巨。2016年11月，江苏省第十三次党代会上提出了"聚力创新、聚焦富民，高水平全面建成小康社会"的发展方略，"两聚一高"成为江苏省的战略选择和发展走向，江苏省由此迎来了历史发展的新时期。适应宏观经济社会发展形势的变化，江苏省坚持稳中求进，积极推进国土资源供给侧结构性改革，构建新时代保护、保障、调控"两保一调"国土资源管理新机制，为服务支撑"两聚一高"提供科学的机制保障，整合资源、重点突破，为服务支撑"两聚一高"战略部署提供有效的路径保障。以江苏省为例，开展基于供给侧结构性改革的土地宏观调控研究就显得非常必要，对其他地区具有重要的借鉴意义和示范作用。

多年来，江苏省积极制定国土资源开发利用政策，通过倒逼和引导同向发力、激励和约束齐头并进、宏观和微观综合运用、行政和市场有机结合，科学合理调控资源的总量、结构、区域布局和效益，促进经济发展方式转变，进一步提高国土资源参与调控经济社会发展的有效性。比如加强新增用地与存量盘活挂钩、城镇低效用地再开发、闲置土地清理处置，提高土地供给效率，引导产业转型升级；挖掘地下空间资源，引导地上地下空间综合开发利用，提高资源开发利用水平；坚持因城因地施策，着力做好房地产市场用地调控，进一步优化土地供应结构，既要去库存，也要防风险，促进房地产市场健康发展；有序推进"三去一降一补"，从源头上遏制产能过剩行业土地使用，支持产能退出企业盘活存量土地。为了全面研究基于供给侧结构性改革的土地宏观调控的理论基础、框架体系、方向与重点等，进一步深化优化土地宏观调控机制，有效支撑全国特别是江苏省国土资源供给侧结构性改革，促进经济社会高质量发展，我们在近年来承担的江苏省国土资源厅委托的"江苏省土地参与宏观调控的新机制研究""江苏省国土资源管理形势分析核心指标体系研究""促进江苏区域协调发展的差别化建设用地指标配置研究""江苏省土地合理开发强度研究""守住'三根红线'促进科学发展"等课题研究的基础上，结合江苏省国土规划、农村建设用地调查、工业用地调查、开发区集约用地评价等工作成果，通过综合、集成、拓展研究撰写形成本书。

本书分为三大部分，共9章。

第一部分为总论，包括第1章至第3章。第1章作为全书的开篇，通过阐述供给侧结构性改革是中国经济发展战略的重大调整，引出本书的时代背景，着重论述了土地宏观调控是供给侧结构性改革的重要支撑，明确了研究主题。第2章针对土地宏观调控的基本概念、理论基础与传导机制进行了理论分析，为后文奠定了理论基础。第3章从分析江苏省区域概况与土地利用特征出发，梳理了江苏省土地宏观调控的历史脉络，剖析了供给侧结构性改革背景下江苏省土地宏观调控形势，构建了"五位一体"的土地宏观调控体系框架。

第二部分为分论，包括第4章至第8章，是本书的主体，着重阐述了江苏省土地宏观调控五大机制。第4章研究形成国土空间开发保护的总量调控机制，基于资源环境承载力评价分析，提出了江苏省用地总量目标；阐述了江苏省土地总量调控策略与路径，提出了江苏省土地总量调控制度创新。第5章为区域调控机制，从江苏省区域发展总体格局出发，提出了面向江苏省"1+3"重点功能区的区域调控目标，阐述了江苏省区域差别化调控路径与策略。第6章研究形成国土空间从失衡到协调的结构调控机制，着重分析江苏省土地利用结构并提出结构调控目标、策略与路径。第7章研究形成国土开发效益调控机制，综合分析了江苏省建设用地节约集约利用状况，提出了江苏省节地水平和土地产出水平等效益调控目标、策略路径。第8章研究形成土地宏观调控绩效评价的方法与体系，阐述了江苏省供给侧结构性改革条件下土地宏观调控的监测内容和手段，重点从耕地保护红线预警和建设用地总量控制预警两个方面研究提出了江苏省土地宏观调控预警机制。

第三部分为总结与展望，为第9章，着重围绕中国特色社会主义进入新时代和我国社会主要矛盾的变化，研究提出了面向新时代的土地宏观调控愿景。

本书由朱凤武策划，各章主要执笔人如下：第1章为朱凤武、沈春竹、郭贯成、金志丰；第2章为郭贯成、朱凤武、沈春竹、李学增；第3章为沈春竹、朱凤武、金志丰、郭贯成、韩冰；第4章为朱凤武、卜心国、张志飞、沈秀峰等；第5章为卜心国、沈春竹、金志丰、李学增、佴玲莉等；第6章为沈春竹、金平华、张志飞、杨兴典等；第7章为金平华、李炜玮、张晓蕾、王振山等；第8章为金志丰、姚新春、卜心国、薛红琳、王静等；第9章为朱凤武、沈春竹、郭贯成、卜心国等。全书由朱凤武负责统稿、定稿。

在课题研究和本书写作过程中，得到了江苏省人民政府、江苏省国土资源厅有关领导及专家的大力支持和悉心指导，得到了南京大学黄贤金教授、钟太洋副教授、陈志刚副教授，南京农业大学吴群教授、马贤磊教授、姜海教授，中国科学院南京地理与湖泊研究所陈江龙研究员，中国矿业大学李效顺教授等专家学者的指导和帮助，在此一并表示衷心的感谢。

　　基于供给侧结构性改革的土地宏观调控是一项新的研究课题，体系庞大、内容丰富，无论在理论上还是方法上均需进一步完善和发展。尽管我们力图构建一套系统、完整、高效的基于供给侧结构性改革的土地宏观调控机制，但因研究视野、研究水平和研究时间的局限，书中有些内容未能深入研究，有些方面未能涉及。书中疏漏与不足之处，敬请各位读者、专家和学者见谅，并批评指正。

著　者

2018 年 3 月 9 日

目　　录

第1章 土地宏观调控：供给侧结构性改革的战略需要

十九大报告中指出，我国经济已由高速增长阶段转向高质量发展阶段，必须坚持质量第一、效益优先，以供给侧结构性改革为主线，推动经济发展质量变革、效率变革、动力变革，提高全要素生产率。土地是财富之母，发展之基，民生之本，是重要的稀缺资源和不可再生资源，是经济社会发展的关键要素之一。土地资源配置决定着土地生产率，土地宏观调控通过调节土地供给对市场需求产生抑制或鼓励作用，可以引导投资方向和影响投资强度，促进产业结构调整与转型，从而对经济社会的全面、协调与可持续发展产生深远影响。在以供给侧结构性改革为主线的新时代中国特色社会主义建设中，土地宏观调控通过控制用地总量，优化用地结构与区域布局，提高用地效益，对解决发展不平衡不充分问题，大力提升发展质量和效益具有重要作用。

1.1 中国经济发展战略的重大调整：供给侧结构性改革

改革开放近四十年来，我国经济持续高速增长，已成为世界第二大经济体，而且进入了中等偏上收入国家行列，是名副其实的经济大国。然而，在长期形成的粗放式发展惯性的作用下，钢铁、水泥、平板玻璃等制造业形成了严重的产能过剩，不仅加大了经济下行压力，而且成为突破"中等收入陷阱"过程中的重负。此外，在环境保护、资源节约、公共服务、社会公平等领域，我国也存在着很多短板。简言之，中国经济的结构性分化正趋于明显。为了适应这种变化，在正视传统的需求管理还有一定优化提升空间的同时，迫切需要改善供给侧环境、优化供给侧机制，通过改革制度供给，大力激发微观经济主体活力，增强我国经济长期稳定发展的新动力（国家行政学院经济学教研部，2016）。

目前，我国供需关系正面临着不可忽视的结构性失衡。"供需错位"已成为我国当前经济运行中的突出矛盾，矛盾的主要方面在供给侧，主要表现为过剩产能处置缓慢，多样化、个性化、高端化需求难以得到满足，供给侧结构调整受到体制机制制约。需求管理政策重在解决总量问题，注重短期调控，难以从根本上解决供需结构性矛盾，也难以从根本上扭转经济潜在产出水平下行趋势。因此，强调供给侧改革，需要从生产、供给端入手，调整供给结构，为真正启动内需，打造经济发展新动力寻求路径。

2015年11月10日，习近平总书记在中央财经领导小组第十一次会议上提出，在适度扩大总需求的同时，着力加强供给侧结构性改革，着力提高供给体系质量和效率，增强经济持续增长动力，推动我国社会生产力水平实现整体跃升。在2016年1月26日主持召开的中央财经领导小组第十二次会议上，习近平总书记又强调，供给侧结构性改革的根本目的是提高社会生产力水平，落实好以人民为中心的发展思想。要在适度扩大总需求的同时，去产能、去库存、去杠杆、降成本、补短板，从生产领域加强优质供给，减少无效供给，扩大有效供给，提高供给结构适应性和灵活性，提高全要素生产率，使供给体系更好地适应需求结构变化。

1.2　土地宏观调控是供给侧结构性改革的重要支撑

1.2.1　土地宏观调控的必要性

土地的特性使得供给侧结构性改革中有必要将其纳入宏观调控范畴。土地是财富之母，是一切生产和一切存在的源泉，也是人类不能出让的生存条件和再生产条件（申宝刚等，2006）。土地作为一种资源，在国民经济中占有重要的地位。据统计，与国土资源（包括土地、矿产、海洋等）直接相关的行业（产业）贡献的产值份额占到了整个国民生产总值的 40%左右。土地具有数量有限性、位置固定性、利用多宜性、经济供给稀缺性、保值增值性等特性，这就决定了土地政策的制定与实施对宏观经济运行起着重要的调控作用。因此，土地管理有必要进行宏观调控。

我国的土地国情决定了在供给侧结构性改革中必须充分发挥土地宏观调控的必要性。人多地少、地区分布不平衡、山地多于平地、后备土地资源不足是我国的土地国情。截至 2016 年年底，全国耕地面积 20.24 亿亩[①]，人均耕地约 1.47 亩。13 多亿人口的吃饭问题，始终是排在第一位的大问题。未来 20 年是我国全面建设小康社会和基本实现社会主义现代化的关键时期，加速推进新型工业化、信息化、城镇化、农业现代化同步发展离不开土地资源这一基础保障，我国各项建设用地需求将会持续增长。但是，在我国建设用地增加的同时，低效闲置用地大量存在，尤其是在城镇化过程中，大量农村人口转移到城镇，但农村居民点用地规模不降反增。继续沿用过去的供地方式和管理方式，我国土地资源的供需矛盾将更加突出，因此，科学合理的土地宏观调控势在必行。

解决新时代社会主要矛盾需要土地宏观调控予以支撑。习近平总书记在十九大报告中指出："中国特色社会主义进入新时代，我国社会主要矛盾已经转化为人民日益增长的美好生活需要和不平衡不充分的发展之间的矛盾。"土地利用是经济社会发展在土地上的投影，发展不平衡不充分在土地利用上的表现非常显著：在数量上，表现为建设用地总量与耕地、生态用地此增彼减，部分地方土地开发强度过高，对耕地和生态用地造成巨大压力；在区域上，表现为土地区域差异显著，优势挖掘不充分；在结构上，表现为城乡建设用地结构与城乡人口结构不匹配，农村建设用地低效闲置问题严重，产业用地结构不合理；在效益上，表现为城镇建设用地"大马路、大广场、大开发区"等土地浪费现象依然存在，地下空间利用不足，耕地、园地以及基本农田的生态功能、旅游功能发挥不充分。解决发展不平衡不充分，提高发展的质量，需要通过土地宏观调控，以土地利用方式转型促进经济增长方式转型。

---

① 1 亩≈666.67m²。

1.2.2 土地宏观调控的可行性

我国的土地所有制决定了土地能够纳入宏观调控。我国实行的是土地公有制，尽管目前正在开展农村土地制度改革三项试点（一是农村集体经营性建设用地入市改革试点；二是农村宅基地改革试点；三是征地制度改革试点），但政府依然是土地一级市场的供给主体，绝大部分集体土地需征为国有后才能入市。我国土地所有制的公有性质决定了土地管理参与宏观调控的独特优势，国家能够通过调节土地供应总量、安排不同的土地用途来抑制或鼓励市场需求，有效地引导投资的方向和强度，实现经济运行调控的目标。

土地宏观调控可以促进产业结构调整与优化。土地是产业的基本载体，可以通过调节土地配置总量和结构，引导产业结构调整，促进产业结构优化。通过对低端、低水平重复建设和高耗能项目实施限制和禁止用地，加大先进制造业、战略性新兴产业等产业用地的支持，推进"退二进三"，促使工业用地比重降低，产业转型升级。目前，在我国沿海发达地区，部分城市制定并实施明细的产业用地供应要求，实现了对产业用地内部结构的有效调控，土地供应向中高技术密集型产业集中的趋势开始明显出现。2016 年，江苏省在全国省级层面率先印发了《省政府办公厅关于改革工业用地供应方式促进产业转型升级企业提质增效的指导意见》（苏政办发〔2016〕93 号），要求各地坚持以市场化改革和推进新型工业化为导向，有效纠正资源要素错配，主动促进资源要素适配，积极提升资源要素优配，探索实行多种工业用地供应方式并存的工业用地供应制度，推进供给侧结构性改革。

通过土地宏观调控可以促进区域经济协调发展。我国当前面临区域经济发展不平衡的问题，东、中、西发展水平差距显著。根据国家及区域经济社会发展战略，在按照资源禀赋、区位比较优势和充分发挥市场配置资源作用的基础上，通过制定相应的土地利用和供应政策，调控区域供给，有效地整合资源，优化经济布局，促进区域经济的分工协作、协调发展。2016 年，国家在配置 31 个省（自治区、直辖市）（不含香港特别行政区、澳门特别行政区和台湾地区）土地利用年度计划中向西部和中部地区倾斜，降低江苏、广东、上海、天津、北京等土地开发强度较高省（自治区、直辖市）的新增建设用地计划比重，体现了土地管理参与宏观调控在协调区域发展中发挥的重要作用（图 1-1）。

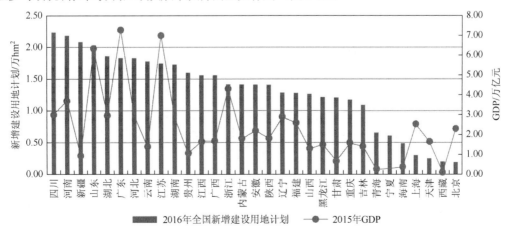

图 1-1 2016 年全国新增建设用地计划和 2015 年 GDP 关系图

1.2.3　土地宏观调控的优势

综观市场经济发达国家，宏观调控的手段往往是货币政策和财政政策，且以间接调控方式为主。与货币政策和财政政策相比，土地宏观调控政策的优势主要体现在以下四个方面。

一是土地宏观调控可以精准发力。货币政策和财政政策是对整个宏观经济的调控，而土地政策可以对宏观经济局部进行调控，对部分产业、行业或部门进行调控，如我国2003 年对投资过热的钢铁、电解铝、水泥等行业停止供应土地，以抑制这些行业的过度发展。

二是土地宏观调控效果更加显著。货币政策发挥作用的前提是市场主体要有灵敏的反应度，比如利率提高后，投资者会明显降低资金需求，但我国的实际情况是地方政府和国有企业（甚至包括部分民营企业）对资金的需求经常是不计成本或成本很小，而土地对他们来说却显得更为重要，因为没有土地任何项目也不可能启动。对于大部分企业和投资者来说，项目用地的来源渠道是单一的，不像资金，银行收紧"银根"，还可以通过其他渠道融资。因此，收紧"地根"政策的调控效果更加直接、明显。

三是土地宏观调控更容易设定具体的政策目标。政府在批租土地的同时，在开发项目上可以通过用途管制、规划限制等对发展商进行一定的控制，还可以通过一定的土地政策，如土地供应计划、地价政策、土地税收政策、土地整理储备政策等来调节经济结构和发展速度。

四是土地宏观调控更加快捷。货币政策发挥作用有一个时滞，一般在 6 个月或更长的时间，财政政策要充分发挥作用，使乘数效应得到充分体现也需要一段时间，而且货币政策和财政政策会相互影响，导致各自的效应降低。土地宏观调控政策相对来说对经济的影响更加直接、迅速。如发现高档别墅市场的投资过热时，可以立即叫停别墅用地的供应，对于已经供地的项目，可以通过提高开发商的资本金比率、加大监管力度等措施，减少金融风险；可以积极探索建立差别化的土地供应政策，确立土地供应的优先顺序，在保证基础设施、民生工程、生态保护三大用地的前提下，优先考虑战略性新兴产业、现代服务业等用地，严格限制高耗能、高耗地产业，促进产业结构的合理调整。

1.3　国内外相关研究进展

1.3.1　供给侧结构性改革

供给侧结构性改革源于 19 世纪初以萨伊为代表的供给学派，但我国的供给侧结构性改革与供给学派倡导的放任自由、不干预经济的政策又有不同（谭高，2017）。我国供给侧结构性改革旨在通过改善供地结构、提升供地质量和效率，增强经济持续增长动力。在适度扩大土地总需求的同时，进一步去产能、去库存、去杠杆、降成本、补短板，从而提高土地供给体系的质量和效率，增强投资有效性，不断培育新的发展动能，优化利用传统比较优势，保持经济持续增长动力，促进我国社会生产力水平整体改善。2016 年中央一号文件明确了"农业供给侧结构性改革"的概念，这既可以看作是 2015 年中央经济工作会议提法的延续，也可以看作是瞄准当前农业发展问题所提出的针对性、战略性举措（孔祥智，2016）。

当前对于供给侧的研究多偏向于整个宏观供给侧研究。其中孙亮和石建勋（2016）在对国外"新供给主义经济学"研究理论和实践进行总结的基础上，研究分析了"十三五"期间中国供给侧改革的政策取向，即优化劳动力资源配置、转变政府职能、加大科技创新力度，提升全要素生产率、去库存、淘汰落后产能，优化土地和资本资源配置等。

在供给侧结构性改革的理论依据研究方面，需求侧与供给侧管理的理论基础截然不同。需求侧管理的学理基础源于凯恩斯主义经济学，认为经济中不存在促进生产和充分就业的自动机制，必须依靠人为的政府干预机制。而供给侧管理的理论是基于供给学派的理论，重点为供给侧的效率和供给创造需求的机制（张为杰和李少林，2016）。肖林（2016）认为，供给侧结构性改革是基于中国改革发展实践的理论创新，是中国经济发展进入新常态的一次探索性改革和调整，是中国特色社会主义政治经济学理论的重要组成部分。方大春（2016）认为，我国的供给侧结构性改革有其理论来源和实践基础，其根基正是中国特色社会主义政治经济学。李翀（2016）认为，我国经济发展方式不可持续的原因在于供给侧，即使我国政府充分利用财政政策和货币政策等需求侧管理手段大规模地刺激总需求，结果也只能短时间维系而不能转变经济发展方式。要实现我国经济发展方式的转变，必须从供给侧着手进行改革。

在供给侧结构性改革的内涵体系研究方面，冯志峰（2016）提出，在我国"供给侧结构性改革"中，"供给侧"是改革切入点，"结构性"是改革方式，"改革"才是核心命题，内在地体现出"转型是目标，创新是手段，改革是保障"的逻辑关系，同时他还提出供给侧结构性改革的核心内容是放松管制、释放活力、让市场机制发挥决定性作用，进而降低制度性交易成本，提高供给体系的质量和效率，增强投资有效性。赵宇（2017）认为，供给侧结构性改革的主攻方向是提高供给质量和效率，增强供给灵活性和适应性，重点是做好"三去一降一补"，手段是提高全要素生产率。谭高（2017）认为，供给侧结构性改革不能简单等同于供给主义，也并不意味着要把供给侧和需求侧对立起来，相反，是要实现二者的平衡，供给侧结构性改革不是计划经济，是要充分发挥市场在资源配置中的决定性作用。

在供给侧结构性改革的路径选择研究方面，许光建（2016）认为，加强供给侧结构性改革，必须用好产业政策，重视"补短板"，同时发挥好中央和地方两级政府的积极性。他还提出，供给侧结构性改革若要顺利推进，要加强对供给侧结构性改革的认识，要明白结构性改革不可能一蹴而就，要稳步推进，还需要顶层设计与地方探索创新相结合，充分发挥中央政府、地方政府、企业和社会组织的积极性，努力推进供给侧结构性改革。林卫斌和苏剑（2016）认为，实现供给侧改革，一方面要求破解体制机制障碍，使市场在资源配置中起决定性作用，优化生产要素组合；另一方面要求政府在政策引导、监管约束和公共服务三个方面完善职能，更好地发挥政府作用。卢为民（2016，2017）认为，推动供给侧结构性改革的主要路径应以创新土地供应制度、土地用途管制制度、土地收储制度、土地收费制度和降低企业用地成本为重点。胡鞍钢等（2016）提出推进供给侧结构性改革的"加减乘除"四则运算和"五大政策支柱"。加法指优化供地结构，提高供地能力；减法指合理配置资源，解决产能结构性过剩问题；乘法指创新对拉动发展的乘数效应；除法指以规划为核心，避免金融风险、资源风险等一系列发展过程中的可能风险。五大政策指稳定的宏观政策、精准的产业政策、灵活的微观政策、落实改革政策、服务质量托底社会政策。肖林（2016）认为，中国供给侧结构性改革的战略路径包括五个方面，分别是要素驱动向创新驱动转变、政府管制向市场配置转变、粗放式发展向集约式发展转变、以政策新供给化解发展中的突出矛盾从而为供给侧结构性改革营造发展环境、加强供给侧和需求侧管理的协同运作。

李智和原锦凤（2015）从我国经济发展的现实出发，提出了一整套完善的基于中国经济现实的供给侧改革方略，包括供给侧改革的依据、实施的合理契机、供给侧改革攻坚的重点领域和主要着力点、政策组合和时序安排等方面。陈龙（2016）根据当前供需不平衡的局面提出"一核心、两只手、三调整、四改革、五发力"的实现路径。一核心是指要以创新为核心；两只手是充分发挥市场配置作用，同时合理发挥政府作用；三调整是要实现供给侧要素结构调整、主题结构调整和产业结构调整；四改革是指要推动行政体制改革、财政金融改革、户籍制度改革和国企改革；五发力是要坚持贯彻"创新、协调、绿色、开放、共享"五大发展理念。

1.3.2　土地宏观调控

早在1996年，时任国家经济体制改革委员会副主任乌杰同志第一次将土地政策作为了宏观调控的政策工具之一，他提出："土地政策是我国继货币和财政政策之外的第三种宏观调控措施，我国的宏观调控和国民经济发展健康与否、成功与否、持续与否、效益高低，都与土地政策宏观调控密切相关，必须在加强货币、财政政策调控的同时，加强土地政策的宏观调控力度，保证我国宏观调控目标的实现和国民经济的持续健康发展"。自此之后，将土地视作宏观调控的手段之一，进入了人们的视野（冯广京，1996）。部分学者也提出了土地参与宏观调控的观点。如戚名琛（1994）认为，在城市化快速发展阶段，可以利用地租地价的调节作用开展城市土地的宏观调控。伯齐（1995）认识到我国的土地资源与货币一样，为国家完全掌握和控制，因而可以作为一种宏观调控的手段，并且还率先提出了总量控制的思路。邵捷传（1996）则认为，地租和地价是国家直接掌握并充分利用的宏观调控手段，各级政府开始意识到土地资源应当和资产管理并重。张宇星（1996）认为，我国土地市场被政府垄断，发展过程中存在一些难以避免但无法忽视的问题，如土地供应结构不合理，土地利用规划不到位等问题，必须对土地市场进行宏观调控，综合运用经济、法律和行政手段解决上述问题。胡建平（1997）论述了土地参与宏观调控的必要性，并提出建立与市场经济相适应的土地宏观调控机制，指出要解决当前土地利用问题，必须实行土地政策宏观调控。郭洁（2004）指出，应分析土地政策宏观调控实现的制度经济学基础，并从土地规划制度、土地利用管理制度等多角度出发，阐述了土地政策宏观调控存在的制度基础，最后从制度经济学的角度出发提出了土地宏观调控的建议。赵燕菁（2004）指出，要以制度创新来抑制土地局部过热问题，认为城市制度创新是形成真实市场信号和合理市场行为的关键。

1. 土地政策参与宏观调控的理论研究

土地政策参与宏观调控主要是通过用地总量和结构调控，对产业结构和产业布局产生重大影响，这无疑将是一项非常复杂的工作。吴次芳和谭永忠（2004）认为，在展开实际运作之前，必须首先进行充分、系统的调查活动和理论研究，否则，其行动将可能是盲目的、无效的，也将难以达到宏观调控的预期目的。与货币政策和财政政策不同，土地政策参与宏观调控是我国的新兴事物，其理论基础一直是部分经济理论界学者颇为质疑的方面，认为传统的宏观调控手段有西方经济学理论支撑，而土地政策参与宏观调控却缺乏理论支撑。对此，国内许多学者都从不同研究领域和学科对此进行了相关研究。

黄小虎（1992）就提出了土地政策的宏观调控作用，并在之后的文章中详细论述了如何发挥土地的宏观调控作用。他认为，土地作为宝贵物质资源的同时又是最基本的生产要素，既具有资源资产的两重性，又具有自然属性和社会属性两种性质，既是经济运行的载体，又对经济起宏观调控的作用。黄凌翔和陈学会（2005）认为，土地政策成为宏观调控工具的理论基础为丁伯根法则与蒙代尔分配法则、地租理论和生产要素理论，而土地收益分配和监督机制不健全、土地规划难以落实等问题，使土地政策参与宏观调控成为一种阻碍，并在此基础上提出了应对这些问题的解决办法。魏莉娜（2006）认为，土地政策参与宏观调控的理论基础包括科学发展观、资源配置理论、生产要素和再生产理论以及地租地价理论四个方面。其中，科学发展观是土地政策参与宏观调控内在本质要求的体现，是我国社会主义经济发展过程中的必然要求和趋势。这四个方面也构成了土地政策参与宏观调控的可行性因素。甘藏春（2009）在其著作中，从经济学的视角出发，认为土地政策参与宏观调控的理论依据包括土地供需理论、生产要素理论、经济增长理论、地租地价理论、资源依赖理论和产业链理论。

2. 土地政策参与宏观调控的作用机制研究

关于土地政策参与宏观调控的作用机制研究一直以来是土地宏观调控研究的重点和难点内容之一。张先峰等（2003）从土地规划机制、土地价格机制、土地金融机制、土地税收机制与土地管理机制五个方面研究了土地政策调控宏观经济的内在机理。卢为民（2008）全面地阐述了土地政策传导机制的概念、构成要素和传导渠道，并对土地政策传导的时滞性问题进行了深入分析，探讨了土地政策传导机制的内涵和构成要素，提出了行政命令传导型和市场机制传导型两种传导渠道，分析了土地政策传导时滞性的构成和影响因素。李双权（2008）从土地供应机制、土地收益分配机制和中央政府监管机制等方面阐述了土地政策宏观调控的作用机制。

有学者认为，土地供应机制是土地政策参与宏观调控作用机制中最为重要的内容，并对土地供应机制展开了比较详细的研究。刘艳君（2006）分别从土地供给参与宏观调控的概念、目标、手段，以及土地供给产业传导、财政传导、信贷传导等方面构建了土地供给政策传导机制，对土地供给机制参与宏观调控进行了研究。张勇（2008）认为土地政策参与房地产调控主要是通过调整土地供应总量、供应结构和供应方式来达到政策目标，同时，也指出了当前土地供给结构、政策执行中存在的一系列问题。

土地税收机制在土地政策参与宏观调控中的作用机制研究方面,杜新波等(2008)运用宏观经济模型分析了土地资产价值对宏观经济波动影响的传导机制,认为宏观经济波动存在收入流量与资本存量的同时均衡和货币供给约束两条相互影响的传导机制,土地财政工具调控的原理是通过货币外生体系对内生货币体系发生作用,重点在于调控资产价值和收入分配。

土地政策参与宏观调控的机制方面的理论研究还有很多,如土地政策参与宏观调控的机制建设、土地政策参与宏观调控的传导机制、土地政策对经济增长的作用机制等(刘剑锋等,2006;刘艳君,2006;梁佳,2011;刁琳琳等,2012)。

3. 土地宏观调控目标、内容和手段研究

在土地宏观调控目标研究方面,李善同等(2006)指出,调控目标应包括四个方面:一是控制"地根",从整体上控制投资增长,保证固定资产投资降到可持续的增长水平;二是控制土地用途和用地结构,调整优化产业结构;三是控制土地出让价格,尽力减少人为招商引资而压低地价的行为,防止损害国家和失地农民的利益;四是保护耕地和保障粮食安全。他们认为,这些目标的实现,可以抑制土地市场投资过热的现象,达到保护农地和农民切实利益的目的,进而促使我国经济增长健康平稳。

在土地宏观调控内容的研究方面,孟星(2005)认为土地调控的主要内容应包括控制土地供给的数量、土地供给结构、土地供给方式、土地供给主体四个方面。靳相木(2007)认为土地政策参与宏观调控的主要内容应该包括土地供给数量的调控、土地供给结构的调控、土地价格的调控。同时,他在其研究中指出,土地调控的重点领域还应包括土地政策参与区域协调发展的调控和土地政策参与新型城镇化进程的调控等。

在土地政策参与宏观调控实施手段的研究方面,吴次芳等(2004)指出,可将土地政策宏观调控的手段分为经济、法律和行政三大类,并且无论是从宏观调控的总任务量还是从总的使用频率来看,经济手段都占据主要地位。杜新波(2004)认为政府可以采取行政手段、经济手段以及法律手段等,具体表现为土地规划、耕地保护、土地计划、土地政策税费政策等多个方面。唐荣等(2010)认为在土地政策参与宏观调控的过程中还应重视土地金融政策的运用、推动土地政策法律化和增强部门间的协调配合等。

1.4　供给侧结构性改革与土地宏观调控的关系

1.4.1　供给侧结构性改革对土地宏观调控的要求

供给侧结构性改革要求调整经济结构,实现要素优化配置,提升经济增长的质量和效益。供给侧结构性改革的任务有三个方面:一是针对无效产能去产能、去库存;二是针对有效供给不足需要补短板;三是针对企业负担,去杠杆、降成本。其对土地宏观调控也提出了相应的要求:控制用地的总量和强度,优化用地结构与区域布局,提高用地效益。供给侧结构性改革对土地要素及其管理制度提出了以下几方面要求。

去除无效供给和减少低效供给,需要调控相关产业和项目用地。土地是产业发展的基本载体,没有土地这个载体,无效供给和低效供给就失去了存在的根基。尤其是通过完善

土地税费制度和用途变更制度，建立低效用地或过剩产业用地的退出机制，对清理无效供给和低效供给将大有裨益。

增加有效供给，关键是要根据市场的需求情况，增加相关产业或项目用地。一是完善土地利用计划和土地供应制度，增加土地的供应量，特别是要合理增加符合市场导向的用地量。二是增强供给对需求变化的适应性，重点是要完善土地供应机制，增加供应的灵活性，不能由政府垄断所有的土地供应，而是要完善土地收储制度，发挥市场对土地资源配置的决定性作用，使土地供应更好地适应市场需求。

增加创新性供给，需要低成本的土地供给和政策激励。按照产业成长的一般规律，创新型企业往往更需要政策扶持，尤其是资金和土地等方面的支持。创新型中小型企业一般利润小，财力有限，通过招拍挂方式取得土地的难度较大，因此，非常需要相关政策的支持。比如，通过租赁、租让结合、弹性出让等创新供地方式，确保这些企业能够拿到成本较低的发展用地等。

1.4.2　土地宏观调控对供给侧结构性改革的推动作用

供给侧结构性改革的主要目标是矫正要素配置扭曲，提高全要素生产率。这也意味着在经济发展中要注重提高自然资源利用的效率，一方面，发挥既有资源的配置效率；另一方面，在资源的开发利用过程中，充分发挥科学技术、劳动者素质、管理与制度创新等作用，提高其他生产要素对自然资源的替代率。我国自然资源中，土地资源占有重要的核心、主导地位，土地宏观调控对供给侧结构性改革中的资源配置和要素生产率提升，提高发展质量具有重要作用。

土地宏观调控能够促进经济社会高质量发展。供给侧结构性改革的核心是促进经济发展方式的转变，不仅包含了经济增长方式从粗放型向集约型的转变，也包含了从单纯注重数量的扩张转向既注重数量扩张又注重质量提高。转变经济发展方式的本质是摒弃靠自然资源和资本投入支撑的传统经济发展模式，采用靠效率提高驱动的发展模式。土地宏观调控不仅要对土地利用总量和速度进行调控，还要在土地利用效率上进行调控和监测，有助于供给侧结构性改革的顺利实施。

土地宏观调控有助于解决区域发展不平衡不充分，推进经济发展方式转变。通过土地宏观调控，充分发挥土地规划、土地供应、土地政策等对不同发展区域的调控功能，协调区域、城乡、产业之间的土地利用结构，防止区域间的恶性竞争和重复建设造成的土地浪费，使土地利用结构不断适应经济社会发展，补区域发展短板和产业结构短板，促进区域协调发展，推动产业结构优化升级。通过土地宏观调控，开展城镇低效用地再开发、闲置土地合理处置、土地综合整治、地上地下空间综合利用等，促进土地集约利用，从而促进经济结构优化，推进经济发展方式转变。

1.4.3　基于供给侧结构性改革的土地宏观调控体系

供给侧结构性改革要求调整经济结构，实现要素优化配置，提升经济增长质量和效益。

其对土地宏观调控也提出了相应的要求：优化用地结构与布局，控制用地的总量，提高用地效益。据此，本书构建了土地宏观调控的五大机制：土地总量调控机制、土地区域调控机制、土地结构调控机制、土地效益调控机制、土地宏观调控绩效评价与监测预警机制。其中，土地总量调控机制和土地区域调控机制主要对应着实现要素优化配置，土地结构调控机制主要对应着调整经济结构，土地效益调控机制主要对应着提升经济增长的质量和效益，土地宏观调控绩效评价与监测预警机制为前面的四大机制提供评估与反馈，是为了更好地提高土地宏观调控机制的效果。土地宏观调控的五大机制对供给侧结构性改革也会产生反作用：如果调控得当，会促进产业结构优化、平衡。根据以上逻辑，本书提出了基于供给侧结构性改革的土地宏观调控体系（图1-2）。

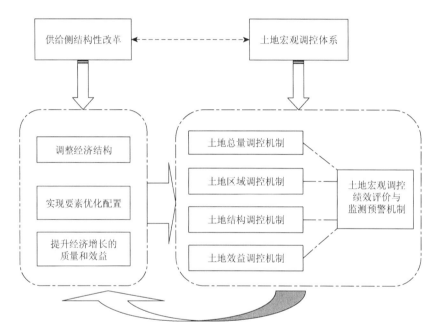

图1-2　基于供给侧结构性改革的土地宏观调控体系

第2章 理论分析：土地宏观调控基本概念、理论基础与传导机制

实践需要理论的指导，在分析江苏省土地宏观调控实践之前，需要进行基于供给侧结构性改革的土地宏观调控的理论研究。本章厘清并界定相关概念，在阐述土地宏观调控理论基础之后，研究土地宏观调控的基本传导途径和作用机制，为江苏省土地宏观调控实践奠定理论基础。

2.1 基 本 概 念

2.1.1 供给侧与需求侧

供给侧和需求侧是经济学中的两个基本概念。供给是指生产者在某一特定时期内，在某一价格水平上愿意并且能够提供的一定数量的商品或劳务。需求是在一定的时期，在一既定的价格水平下，消费者愿意并且能够购买的商品数量。供给侧有劳动力、土地、资本、创新等要素，需求侧有投资、消费、出口"三驾马车"。

供给侧和需求侧相互影响（图 2-1），需求侧主要通过投资、消费和出口来直接刺激经济增长，决定短期内的经济增长率；供给侧通过劳动力、土地、资本和创新四大要素来满足潜在的需求，进而刺激潜在的经济增长，四大要素在充分配置条件下实现中长期的潜

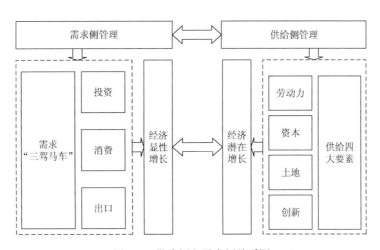

图 2-1 供给侧和需求侧关系图

在经济增长率。没有需求的供给通常会导致产能过剩、库存积压，没有供给的需求通常会导致通货膨胀。国民经济的平稳发展取决于经济中需求和供给的相对平衡。

2.1.2　供给侧结构性改革

1. 供给侧结构性改革的内涵

供给侧改革是相对需求侧管理而言的，主要侧重提升经济增长的质量和效率，增强企业长期创新活力，注重经济长期、持续的发展。纵观经济思想史，作为供给学派的典型实践，"里根经济学"（Reaganomics）和"撒切尔主义"（Thatcherism）分别采用减税和国企改革等措施，帮助美、英两国在 20 世纪 80 年代摆脱滞胀，走出衰退。

所谓供给侧结构性改革，就是从供给、生产端入手，通过降低企业税负，减少生产领域的交易成本，促进投资者更有效地进入各生产领域等改革措施，最大限度地释放生产力，提升企业竞争力，促使资源转向新兴领域、创新领域，创造新的经济增长点，最终实现经济结构的转型和可持续发展。供给侧结构性改革既包括劳动力、资金、土地、资源等生产要素的高效投入，也包括技术进步、人力资本提升、知识增长等领域的要素升级，还包括企业、创业者、创新型园区、科研院所、创新型政府管理等创新。同时，通过减税、简政放权、扩大市场准入等措施，激发各个主体的积极性和创造性，改善经营环境。最后，通过淘汰落后产能，培育具有竞争优势的新产品、新服务。

2. 供给侧结构性改革的任务

供给侧结构性改革旨在调整经济结构，使要素实现最优配置，提升经济增长的质量（曹红辉，2016）。供给侧结构性改革的主要任务就是"三去一降一补"，即去产能、去库存、去杠杆、降成本和补短板五大任务。

（1）去产能。解决产能过剩问题，即缓解由于产品供过于求而引起恶性竞争的不利局面，积极寻求生产设备及产品转型升级的新思路。当前，我国存在部分产业由于供过于求而矛盾日益凸显，突出表现为传统制造业产能普遍过剩，尤其是钢铁、水泥、电解铝等高消耗和高排放行业。通过去产能，缓解产业供需矛盾。

（2）去库存。主要是化解工业库存和房地产库存。当前，工业库存和三、四线城市房地产库存都比较多。库存占用的是企业的流动资金，去库存就是减少不必要的资金占用，降低企业成本，盘活资源存量，从而提高企业经济效益。

（3）去杠杆。"杠杆"是指特定主体通过借入债务，以较小规模的自有资金撬动大量资金，以此扩大经营规模。比如个人、企业和政府等主体向金融机构借贷或发债等，都是加杠杆的行为。适度加杠杆有利于企业盈利和经济发展，但如果杠杆率过高，债务增速过快，还债的压力就会反过来增大金融风险甚至拖累发展。去杠杆的有效办法就是发展直接融资，在提高生产效率、推动经济增长的过程中改善债务结构，增加权益资本比重，以可控方式和可控节奏逐步减少杠杆，防范金融风险压力，促进经济持续健康发展。

（4）降成本。即帮助企业降低成本。降低制度性交易成本，转变政府职能、简政放权，进一步清理规范中介服务。降低企业税费负担，进一步正税清费，清理各种不合理收费，营造公平的税负环境，降低制造业增值税税率。降低社会保险费，研究精简归并"五险一金"。降低企业财务成本，金融部门要创造利率正常化的政策环境，为实体经济让利。降低电力价格，推进电价市场化改革，完善煤电价格联动机制。降低物流成本，推进流通体制改革。此外，国家还需要进一步实施结构性减税，扩大营改增的范围。

（5）补短板。主要是补基础设施建设和民生建设短板。目前，公共产品或准公共产品供给不足是一个突出问题，比如医院、学校、托儿所、幼儿园、养老院等都是短板。另外，高科技产业也是一个短板。要从供给侧发力，通过创造新供给，引导新需求。与此同时，投资还需要在补短板过程中挑大梁。投资具有双重属性，在当期是需求，在未来是供给。因此，稳增长的关键还是稳投资。通过增量资金投入，优化投资结构，从而优化未来的供给结构。

总之，供给侧结构性改革不仅关注"供给侧"，更关注"结构性"。所谓"结构性"，即不能平均使劲，而是在供给侧重点领域寻求突破。

2.1.3　宏观调控

宏观调控最早由经济学家约翰·梅纳德·凯恩斯创立，是国家综合运用各种手段对国民经济进行的一种调节与控制，是保证社会再生产协调发展的必要条件，是国家管理经济的重要职能。宏观调控是指在市场经济条件下，以中央政府为主的国家各级政府，为了保证整个国民经济持续、快速、健康地发展并取得较好的经济效益，主要运用间接手段，对一定范围内经济总体的运行进行引导和调节的过程（唐银亮，2009）。

2.1.4　土地宏观调控

1. 土地宏观调控的含义

土地宏观调控，实质是政府通过土地政策的制定、实施、调整和完善，对土地资源的供应和利用进行合理的安排和适时、适度的干预，从而促进经济增长、产业结构优化等，最终实现宏观经济长期稳定增长、社会可持续发展的目标。本书的土地宏观调控主要涉及总量、区域、结构、效益等方面。

2. 土地宏观调控的目标

土地宏观调控的总目标是促进经济社会的全面、协调和可持续发展，基本目标包括四个方面：一是保障经济增长和社会发展。不仅要对建设用地进行总量和速度控制，同时还要协调好土地利用结构和各行业用地；不仅要做到土地供求的内在平衡、土地供应与社会经济正常发展的平衡和土地供求在空间布局上的平衡，还要充分发挥土地资产价格作用，让土地价值在社会发展中合理归位（雷飞，2014），让土地资产价值更多地惠及民生，促进全体人民共同富裕。二是统筹区域土地利用和内部结构优化。积极配合区域发展政策，充分发挥土地政策对重点开发区、限制开发区、优化开发区的调控功能；协调好区域土地利用，防止区域间的恶性竞争和重复建设，妥善解决区域之间发展不平衡不充分的问题，加大土地置换、调整和整治力度，促进区域经济社会持续、健康和均衡发展。三是促进耕地保护和土地集约利用。按照建设资源节约型、环境友好型社会和促进经济社会长期平稳发展的思路，保护耕地的数量、质量和生态环境，提高节约集约用地水平。四是提高用地效益。结合产业、就业、人口等经济要素，制定土地投资、土地容积率、绿化覆盖率等标准，创新土地利用方式，推进低效用地再开发，加大土地供后监管等，提升土地利用的经济效益、社会效益和生态效益。

2.2　理　论　基　础

土地宏观调控的理论基础包括生产要素理论、土地报酬理论、地租地价理论、区位理论、产业机构理论、土地供需均衡理论、人地关系理论、区域均衡发展理论等。

2.2.1　生产要素理论

生产要素理论是经济学的一个主要理论，土地宏观调控与之有着密切的联系。经济学家威廉·配第（William Petty）指出："土地为财富之母，而劳动则为财富之父和能动的要素。"虽然威廉·配第没有明确提出"生产要素二元论"，但实际上他已经将土地和劳动作为生产的两个要素。在此之后，古典经济学体系建立者亚当·斯密（Adam Smith）又将资本列为生产要素之一，并在他的代表作《国富论》中强调，"无论在什么社会，商品的价格归根结底都分解成为这三个部分（即劳动、资本和土地）"，从而形成了"生产要素三元论"。19 世纪末 20 世纪初，英国经济学家阿尔弗雷德·马歇尔（Alfred Marshall）在其著作《经济学原理》中将组织作为第四生产要素，与劳动、资本、土地共同构成"生产要素四元论"。后来的经济学家又将技术列为第五种生产要素，甚至还有一些学者将信息归为第六要素。从以上可以看出，无论生产要素理论如何变化和发展，一般都将土地作为生产要素之一。

资源有效配置的重要条件是要素配置比例合理。在均衡条件下，各种生产要素在部门间与部门内都存在最优配置比例。土地是其他生产要素的空间载体，是第一位的要素，是做好其他要素调控的基础。对生产要素加以控制，会对生产或扩大再生产，以及对经济发展所需的资源配置产生重要影响。通过各类土地政策对土地这一生产要素的供给和需求进行调配，能够影响到与土地相关的各种产业的发展，因而能对宏观经济的发展发挥调控作用。特别是在我国，土地所有制为公有制，国家对城市土地和农村土地有着很强的控制力，这为国家运用生产要素理论制定各类土地政策并积极参与宏观调控提供了良好的基础。

2.2.2　土地报酬理论

土地报酬理论描述的是土地收益随着土地投入量的变化而变动的规律，它是优化土地利用投入产出关系与经营方式的基本依据。最早发现这一规律的是 17 世纪中叶的威廉·配第，他发现一定面积土地的生产力有一最大限度。1815 年，英国的威斯特在其著作《论资本用于土地》中，首次正式提出"土地报酬递减规律"。此后，西方经济学家，包括英国的马歇尔、美国的克拉克、德国的布林克曼等，对这一规律做了进一步的解释和拓展。

在正常情况和一般条件下，土地报酬应该是随着单位土地面积上劳动和资本投入的增加，先递增后趋向于递减。土地报酬规律可以通过图 2-2 来说明，TPP 表示总产量曲线，APP 表示平均产量曲线，MPP 表示边际产量曲线，通过三条曲线之间的关系区分土地报酬增减变化的三个阶段：①在第一阶段内，总产量是不断增加的，平均产量不断递增，在 D 点达到最大值，且与边际产量曲线相交于 D 点，边际产量先递增后递减，在 M 点达到最大值。在此阶段，投入的变量资源与土地相比数量不足，生产潜力没有充分发挥出来。②在第二阶段内，边际报酬小于平均报酬，边际产量不断递减，在 R 点减少到 0；平均产量在过 D 点后，处于不断递减状态；总产量不断上升，直至达到最高点 T。在此阶段，边际报酬和平均报酬均递减，但随着生产要素的不断增加，总产量仍然是不断增加的，因此合理利用土地和投入变量的适应范围应在此阶段。③在第三阶段内，边际报酬出现负增长，平均报酬不断减少，总产量也趋于下降。此阶段，投入的变量资源过多，超出了土地的受容力，产出效果反映在报酬上就出现负值或全面下降，不是合理的资源利用和生产阶段。

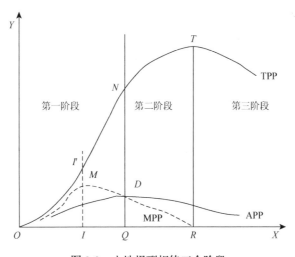

图 2-2　土地报酬规律三个阶段

正确认识和掌握土地报酬规律，对土地宏观调控具有重要的现实指导意义，当处于第一阶段时，土地上的变量投入偏少，应采取紧缩性的土地宏观调控政策；当处于第三阶段时，应采取扩张性的土地宏观调控政策。总之，在土地的投入上，需要了解和研究土地报酬规律的作用，为土地的合理利用与宏观调控提供科学依据。

2.2.3　区位理论

土地空间位置的差异会对土地利用产生重要的影响，土地宏观调控需要考虑因地制宜地进行区位选择。区位是指人类行为活动的空间，经济区位是指某些地区（地块）具有运输费用和运输时间节省、生产效率较高和生产成本较低的明显区位优势。由于土地资源分布广泛，其单位空间和位置常分散于远近、距离各异的不同地区，因此土地经济区位的选择，是决定土地利用价值的一个基本因素。

区位理论产生的标志是 1826 年德国农业经济学家杜能（J. H. von Thünen）发表的著作《孤立国同农业和国民经济的关系》（通常简称《孤立国》）（第一卷）。根据区位经济分析和区位地租理论，杜能在其《孤立国》（第一卷）一书中提出了六种耕作制度，每种耕作制度构成一个区域，而每个区域都以城市为中心，围绕城市呈同心圆状分布，这就是著名的"杜能圈"。杜能认为，农业土地的利用类型和农业土地经营集约化程度，不仅取决于土地的自然特性，更重要的是依赖于其经济状况，其中特别取决于它到农产品消费地（市场）的距离。根据农业区位论，从一定程度上讲，区位决定土地利用，土地利用又影响地租、地价；同时，地租、地价也制约着土地用途及其利用方式。土地区位条件影响土地利用与改造的方便程度，对土地生产率的高低产生重要的影响。

继杜能之后，德国经济学家韦伯（A. Weber）系统地研究了经济区位理论，对制造业选择土地利用区位，提出了许多具有科学价值的基本理论原则。韦伯的工业区位理论的核心就是通过对运输、劳动力及集聚因素相互作用的分析和计算，找出工业产品的生产成本最低点，作为配置工业企业的理想区位。韦伯的工业区位理论为城市土地利用的微观产业布局提供了有益的参考。

20 世纪 30 年代，德国地理学家克里斯塔勒（W. Christaller）提出了中心地理论，该理论着眼于区域城市分布和城市间的关系，对市场、城市的综合布局与土地利用模式进行了阐述。克里斯塔勒认为，中心地的规模与其影响区域的大小、人口规模，是通过对产品和服务的需求这个环节建立起相互关系的。交通是城市经济发展中的独立因素，它起着"中间介质"的作用，使得物质的空间交换得以进行。另外，行政管理因素也是影响甚至决定城市分布的重要因素，行政职能位于某一城市或居民点，依靠处理行政事务及颁布法令等管理它的管辖区。后来，德国经济学家廖什发展了克里斯塔勒的理论，并基于此提出了市场区位论。廖什的主要贡献是用利润原则来说明区位选择，他认为大多数工业区位是选择在能够获取最大利润的市场地域，他提出区位的最终目标是寻取最大利润地点。20 世纪二三十年代以后，西方国家的工业化、城市化进程加速，城市用地规模迅速增加，针对城市功能布局等问题，欧美学者从区位、空间结构、土地租金和价格等方面展开了土地利用空间结构的实证分析和理论假设，进一步发展了城市土地利用地域空间结构的描述性理论和解释性理论。

区位理论在很大程度上影响着各种用地的安排，揭示了土地在一定用途条件下的空间分布规律，为深入认识土地宏观调控的规律提供了一定的理论依据。对于农业土地利用而言，区位理论是指导和调整农业生产与布局的理论基础，也是制定农业发展政策的重要依据；对于城市土地利用来说，区位更是起着决定性的作用，不仅影响城市用地功能的配置，而且直接影响用地企业的经济效益，同时也会对城市土地的开发程度、区域布局以及产业结构安排产生决定性的作用。

2.2.4 土地供需均衡理论

土地宏观调控必须充分发挥市场在资源配置中的决定性作用，需要通过土地市场的供求和需求共同作用，来调控土地市场。土地是特殊的商品，其供求关系既受一般商品供求关系的制约，又有其特殊性。由土地自然供给的有限导致土地的供不应求往往是绝对的和普遍的，而供过于求则往往是暂时的和个别的。正因为如此，从长期来看，土地价格总是呈上升的趋势。图 2-3 表示的是土地供求关系的一般变动规律，SS 表示土地供给曲线，DD 表示土地需求曲线，当土地供需平衡时，SS 与 DD 相交于 E_0 点，此时的均衡数量为 Q_0，均衡价格为 P_0。由于影响土地资源供给和需求的因素很多，且较复杂，在实际中，土地的供求关系总是处在不断地变化之中。根据引起土地供求关系变动的原因可将其分为供给驱动型变动、需求引致型变动和双重驱动型变动。

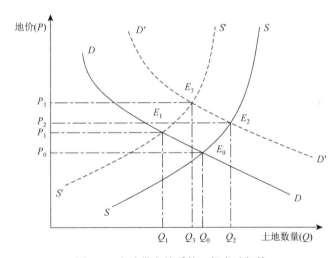

图 2-3 土地供求关系的一般变动规律

（1）供给驱动型变动。所谓供给驱动型变动是指土地需求不变，因土地供给改变引起的土地供求关系变化。如图 2-3 所示，当土地供给量减少时，供给曲线由 SS 移动至 $S'S'$，需求曲线 DD 不变，此时的供需均衡点由 E_0 移动至 E_1，均衡数量由 Q_0 减至 Q_1，均衡价格由 P_0 增至 P_1。

（2）需求引致型变动。所谓需求引致型变动是指土地供给不变，因土地需求改变引起的土地供求关系变化。如图 2-3 所示，当土地需求量增加时，需求曲线由 DD 移动至 $D'D'$，

供给曲线 SS 不变，此时的供需均衡点由 E_0 移动至 E_2，均衡数量由 Q_0 增至 Q_2，均衡价格由 P_0 增至 P_2。

（3）双重驱动型变动。所谓双重驱动型变动是指土地供给和需求同时改变而引起的土地供求关系变化。如图 2-3 所示，当土地供给量减少，需求量增加时，供给曲线由 SS 移动至 $S'S'$，需求曲线由 DD 移动至 $D'D'$，此时的供需均衡点由 E_0 移动至 E_3，均衡数量由 Q_0 移至 Q_3，均衡价格由 P_0 移至 P_3。

土地宏观调控必须充分发挥市场在资源配置中的决定性作用，而土地需求是多种多样的，一般情况下总是增长的，但土地供给却是有限的，土地供需的特点正是土地市场正常运行的前提。因此，土地宏观调控需要通过土地市场的供给和需求的共同作用来调控土地市场，从而实现宏观调控的目的。

2.2.5　人地关系理论

由于土地原为自然所赋予，先于人类而存在，土地是人类赖以生存和发展的基础，所以人地关系问题历来是人类社会永恒的主题之一。自有文字以来，关于人地关系的论述就可见于各类典籍文献之中。随着人口的增长，土地的利用与分配问题日益复杂，人地关系问题的研究及其理论体系也不断得到发展和完善。

在人地系统当中，土地是自然给定的，而人口因素是可变的，人口问题和经济问题是土地问题发生的先导和基础。制约人地关系的因素，可以有社会、经济文化和技术等诸多方面；而人口的数量和质量，则是影响土地需求与利用的主导因素。要实现人地关系的总体平衡和协调，首先还是要把着眼点和立足点置于人口问题和人口经济问题上，并从社会、文化、政治、经济等方面寻求制度的变革。但与此同时，也不能一味强调人口问题的主导作用和地位，而应该把人口问题置于人地关系的整体之中，来研究如何使人口发展与土地关系相协调。

人地关系矛盾焦点的形成有一个由比较简单到复杂的发展过程，反映着人与自然（土地）的构成与联系。总结历史经验，但凡早期形成的人地关系理论和学说，大都立足于人对自然的依赖和适应上，主要着眼于向土地索取食物，作为人地关系的平衡点；而后来，随着人口增加、科技发展和生活水平的提高，人类对土地的需求不再只是食物，而是利用和改造自然，以满足日益增多的需求。但不合理的、过度的土地开发，又产生了日益严重的土地退化、环境破坏等新问题，从而使人地关系的研究上升到生态经济平衡协调发展的高度，使人地关系理论的研究更加复杂和深入。

20 世纪六七十年代以来，世界性的人口、资源和环境问题日益突出，人地关系理论的研究和发展也进入了一个新的时期。同时，世界人口增长也表现出区域性和结构上的不均衡性。发达国家在进入后工业化时代以后，人口增长逐渐趋缓甚至出现负增长，人口老龄化的现象日渐突出，而那些最贫穷的落后国家和地区则往往成为人口增长最快的区域。在这样一个复杂的人地关系背景下，可持续发展理论被应用到人地关系理论中。

中国近年来的社会经济发展对人地关系的理论认识提出了新的挑战和要求。作为一个拥有 13 多亿人口的大国，其快速发展的人口城镇化，大量的人口从农村迁徙到城镇是人类历史上所罕见的。伴随着这种大量的人口迁徙，所引发的人地关系需要我们重新审视传统的人地关系理论。可以肯定，随着社会经济的发展，人地关系的内涵更趋复杂，人地关系理论的发展将更加深刻和不断完善。

快速发展的人口城镇化以及人口在城乡之间的双向流动，引起了新的人地关系矛盾，急需通过土地资源开发、利用、保护、管理等方面的制度来调整人地关系，实现社会经济健康、可持续发展，而这也正是土地宏观调控的目的所在。

2.2.6　区域均衡发展理论

区域均衡发展理论认为，区域经济增长取决于资本、劳动力和技术 3 个要素的投入状况，而各个要素的报酬取决于其边际生产力。在自由市场竞争机制下，生产要素为实现其最高边际报酬率而流动。在市场经济条件下，资本、劳动力与技术等生产要素的自由流动，将导致区域发展的均衡。因此，尽管各区域存在着要素禀赋和发展程度的差异，劳动力总是从低工资的欠发达地区向高工资的发达地区流动，以取得更多的劳动报酬。同理，资本从高工资的发达地区向低工资的欠发达地区流动，以取得更多的资本收益。要素的自由流动，最后将导致各要素收益平均化，从而达到各地区经济平衡增长的结果。这个理论不仅强调部门或产业间的平衡发展、同步发展，而且强调区域间或区域内部的平衡（同步）发展，即空间的均衡化。该理论认为，随着生产要素的区际流动，各区域的经济发展水平将趋于收敛（平衡），因此主张在区域内均衡布局生产力，空间上均衡投资，各产业均衡发展，齐头并进，最终实现区域经济的均衡发展。

区域均衡发展理论提出以后，在一些欠发达国家和地区的区域开发中，受到了一定程度的重视。对一些国家和地区在工业化过程中片面强调工业化，忽视地区之间、部门之间的均衡协调发展的倾向，产生了一定的影响，为欠发达国家和地区的工业化与区域开发提供了一种理论模式，产生了一些积极的作用。在土地宏观调控过程中，注重区域均衡发展是应有之义。江苏省在推进供给侧结构性改革过程中，也需要促进区域协调发展，更加注重人口经济和资源环境空间均衡；需要积极融入国家区域发展总体布局，充分发挥各地优势，促进区域互补、南北联动、跨江融合、陆海统筹，培育区域经济新增长点，缩小区域发展差距，塑造要素有序自由流动、主体功能约束有效、基本公共服务均等、资源环境可承载的区域协调发展新格局。

2.3　土地宏观调控的基本传导途径与作用机制

2.3.1　土地宏观调控的基本传导途径

土地宏观调控的传导途径是指各级政府部门利用影响土地要素的各种手段、渠道影响宏观经济。土地宏观调控的传导途径可以分为三种：一是从土地要素供应的主体进行干预，因为我国实行土地公有制，土地属国有和集体所有，因此在源头上的干预，由国家政府层面进行。二是从土地要素的使用终端进行干预，对土地使用者的行为进行干预。三是从金融体系进行干预，因为土地资源价值大，其交易往往具有大宗金融性质，因此从金融视角的干预也较为有效。以下分别从土地要素供给传导途径、土地要素利用传导途径和金融体系约束传导途径三个方面阐释土地宏观调控的传导途径（图 2-4）。

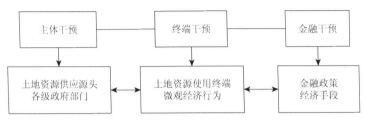

图 2-4　土地资源参与经济宏观调控的传导机制

1. 土地要素供给传导途径

土地要素供给传导途径，是通过我国各级政府的"土地闸门"来实现的。我国土地的供给分为增量供给和存量供给。存量土地是指已供给土地中未利用或未开发的土地，或是利用不合理不充分有待重新开发利用的土地。所谓增量土地是指新增加的建设用地，一般指新增国有建设用地，而实际上农村集体土地取得集体土地建设使用权也可作为农村集体公益事业的建设用地使用。增量供给的审批权限在国务院和各省级人民政府，主要涉及的方面有农用地转用审批、征地审批、项目供地审批等。因此，中央和省级政府对土地供给的干预和调控主要体现在土地利用总体规划分解下达、年度土地利用计划以及农用地转用和土地征收审批的控制上，从而控制年度新增建设用地的总量、结构和时序。地方政府对土地供给的干预和调控主要体现在土地交易市场上，即通常所说的土地一级市场和二级市场。土地一级市场主要是指国家向土地使用者有偿转让国有土地使用权，土地使用者向国家缴纳土地出让金。土地二级市场是指土地使用者取得国有土地使用权之后进行的二次转让，也就是土地使用权的再流转。

1）土地一级市场调控传导途径

土地一级市场调控传导途径主要有以下几类：一是行政划拨，一般用于基础设施等公共事业或公益事业用地。二是有偿出让，主要通过招标出让、拍卖出让和挂牌出让，用于工业、商业、房地产等经营性用地。三是其他类型供应，主要有国有土地使用权租赁、作价入股、授权经营等形式。

2）土地二级市场调控传导途径

土地二级市场调控传导途径主要有以下几类：一是国有土地使用权转让，主要包括买卖、交换、赠予等方式，转让行为发生以后，各产权人的权利义务随之转移。二是土地使用权出租，国家与原出让权获得人的出让关系不发生变化，承租人需向原土地出让权获得人缴纳租金。三是国有土地使用权的抵押。

总体来说，土地要素供应传导途径对于宏观调控的作用主要体现在：①总量控制，主要控制国有土地出让的数量。②用途控制，促进合理利用，规范使用。③监督管理，主要体现在土地二级市场上。

2. 土地要素利用传导途径

土地要素利用的传导主要体现在土地的节约集约利用上。在土地资源使用约束越来越显著的背景下，如何效益最大化地利用现有土地，是土地资源管理者的一项重要任务。资源要素利用传导途径就是在土地利用环节对土地资源进行调控管理，力求节约集约用地，取得较好的利用效益。

土地要素利用的调控体现在以下三个方面：一是提高土地市场化程度，以限制建设用地的快速扩张。其作用机制就在于土地资源的紧缺势必造成土地出让价格的不断上升，只要有严格的市场机制，较高水平的市场化发展模式，土地交易价格的攀升必然使土地使用人减少对土地的需求，营造出土地节约集约利用的良好效果。二是科学规划城镇建设发展，提升存量和增量用地效能。当前我国城市扩建、城镇化发展很快，科学地规划城市现有存量土地，深度开发利用，存量挖潜，减少闲置和浪费是土地集约利用的较好手段。主要做法就是土地功能聚集调控和土地布局分散调控。土地功能聚集调控就是把功能相同或相近的土地科学地规划在一起，使这些土地的使用可以相互之间产生共享，以使土地的使用效益放大。而土地布局分散调控主要是为了防止环境污染、过度拥挤等采取的调控手段。三是通过收回闲置土地、制定用地定额标准以及相应的鼓励奖励办法等手段，提高土地投入和产出水平，促进土地节约集约利用。土地要素利用的传导途径调控手段主要有土地利用规划、城市规划、土地二级市场流转机制、土地供应结构、土地投资标准等。

3. 金融体系约束传导途径

金融体系约束传导途径是一项非常重要的调控机制，可以对遏制土地价值的严重偏离产生一定效果，特别是房地产业，过度价格"泡沫"容易引发金融危机，进而造成系统性金融风险。金融体系约束传导途径主要体现在涉地信贷管理上。目前，我国各经济主体对土地金融的需求主要概括为三种：一是房地产开发企业购置土地、开发土地的资金需求。特别是实施经营性用地招拍挂以来，地价涨幅较快，增加了企业的拿地成本和对金融支持的需求。二是购房者的资金需求。三是政府部门及下属单位的资金需求，包括土地储备资金和政府以土地作为手段的融资平台等。

金融体系约束传导一方面严格建设用地项目贷款管理，另一方面优先支持节约集约用地项目建设。一般来说，金融政策调整对土地的作用形式主要有以下几类：一是通过增加或减少货币投放量来引导土地投放总量。虽然每年的新增建设用地供应量是一定的，可供盘活的存量土地也有限，土地的投放总量相对比较刚性，但在市场经济条件下，土地的取得、开发建设与资金的关系十分紧密。增加或减少货币的投放量，可以增加或减少经济社会发展实际所需要的土地，进而影响市场供求关系，引导土地的投放总量。二是通过调整投资方向引导土地投放方向，推进城乡与区域经济协调发展。土地和资本的相互关系不仅体现在数量上，还体现在空间和区域上，通过建立与金融政策相匹配的土地政策，对区域发展进行引导和调控。三是通过调整不同建设项目信贷政策，落实土地供应政策，推进产业政策落实和产业结构调整。产业结构不断优化是国民经济持续健康发展的重要前提，通过建立差别化的信贷，如对法律法规和国家产业政策禁止的建设项目禁止提供信贷支持，对限制发展的建设项目审慎发放贷款，有利于落实"有保有压"的差别化供地政策，推进土地利用结构的调整，从而实现产业结构优化和升级。

2.3.2 土地宏观调控的作用机制

1. 土地政策参与宏观调控作用机制的宏观分析

1）IS-LM 模型——宏观经济分析的工具

IS-LM 模型是宏观经济分析的一个重要工具，是描述产品市场和货币市场之间相互联系的理论结构。在产品市场上，国民收入取决于消费、投资和政府支出加和起来的总支出或者说总需求水平（假设无国际贸易），而总需求尤其是投资需求要受到利率 i 的影响，利率则由货币市场供求情况决定，也就是说，货币市场要影响产品市场；另外，产品市场上所决定的国民收入又会影响货币需求，从而影响利率，这又是产品市场对货币市场的影响。可见，产品市场和货币市场是相互联系、相互作用的，而收入和利率也只有在这种相互联系、相互作用中才能决定。

描述和分析这两个市场相互联系的理论结构，就称为 IS-LM 模型。该模型要求同时达到下面的两个条件。

（1）$I(i) = S(Y)$，即 IS（investment-saving）。

（2）$M/P = L_1(i) + L_2(Y)$，即 LM（liquidity preference-money supply）。

式中，I 为投资；i 为利率；S 为储蓄；Y 为总产出；M 为名义货币量；P 为物价水平；M/P 为实际货币量。

图 2-5 中，横轴表示产出，纵轴表示利率，两条曲线交点处表示产品市场和货币市场同时达到均衡，对于分析宏观经济问题很有意义。

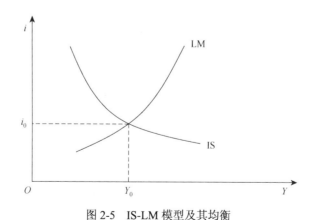

图 2-5 IS-LM 模型及其均衡

2）运用 IS-LM 模型分析土地政策对宏观经济的影响

宏观经济学中，财政政策和货币政策有扩张性和紧缩性之分，在宏观经济不景气、总需求不足时，通常运用扩张性政策进行调控；而当宏观经济总体或局部过热时，通常运用紧缩性政策进行调控。以财政政策为例，扩张性财政政策主要是通过减税、增加支出的方式，增加和刺激社会总需求。紧缩性财政政策主要是通过增税、减少支出的方式，减少和抑制社会总需求。同样，我们将参与宏观调控的土地政策也分为扩张性和紧缩性两种类型进行分析。

（1）扩张性土地政策

扩张性土地政策是指在宏观经济不景气时，政府通过增加土地供应总量，降低土地成本，提高土地要素对宏观经济的支撑度。实施扩张性土地政策产生的影响，一方面，土地供给增加，用地成本下降，企业生产成本降低，从而会激励企业扩大产出，增加投资支出，IS 曲线向右移动（图 2-6），同时货币市场的需求量也会增加，LM 曲线也向右移动，所以 IS-LM 模型曲线的均衡点由 E_1 移动到 E_2（图 2-6），经济总量由原来的 Y_1 增加到 Y_2；另一方面，由于土地数量的有限性和稀缺性，且随着人口的日益增加和经济社会的发展，人类对土地的需求在无限增长，土地需求富有弹性。所以，土地供应量增加后，政府的土地出让收益增加，从而带动政府支出的增加，同样会使 IS 曲线和 LM 曲线向右移动，从而拉动整个国民经济的发展。

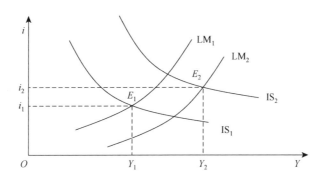

图 2-6　土地政策对宏观经济的影响

（2）紧缩性土地政策

紧缩性土地政策是在经济总体或局部过热时，政府通过减少土地供应总量，调整土地供应结构，严格土地市场交易方式，采取用途管制、规划限制、加大土地税收力度等手段，压缩经济过快增长对土地的过度需求。紧缩性土地政策的影响主要体现在两个方面：一方面，土地供应总量减少，导致土地价格上升，企业的生产成本增加，企业会减少产出，从而减少企业的投资，使 IS 曲线和 LM 曲线向左移动，给发展过热的地区或行业降温；另一方面，土地供给减少，政府财政收入减少，使得政府支出受到抑制，也会促使 IS 曲线和 LM 曲线向左移动，抑制经济过热发展。

2. 土地政策参与宏观调控作用机制的微观分析

"特性-产业"法是一种"局部-整体"分析方法，能使土地政策对国民经济的影响在某一产业中具体化，充分利用经济学特别是各相关产业经济学的研究成果，同时也有利于吸收其他学科的最新知识。

1）"特性-产业"法

"特性-产业"法建立在土地与组成国民经济各产业发生的各种具体物质关系基础之上，土地政策对国民经济的影响主要反映在土地政策与组成国民经济各产业关系上，只要把土地政策与某一产业的关系分析清楚，再根据该产业在国民经济中的影响，就能估算出土地政策以某一产业为中介对整个宏观经济的影响，如果我们逐一分析土地政策通过组成国民经济主要产业对宏观经济的影响，对它们进行综合或加总，就能得出土地政策对宏观经济的全部影响，公式表达为

$$F_i(L/Y) = F_i(L/I) \times F_i(I/Y)$$

式中，i 为第 i 个产业；$F_i(L/Y)$ 为土地政策通过某一产业对国民经济的影响；$F_i(L/I)$ 为土地政策对某一产业的影响；$F_i(I/Y)$ 为某一产业对国民经济的影响；$\times$ 为 $F_i(L/I)$ 与 $F_i(I/Y)$ 之间的传导机制；L 为土地；Y 为国民经济；I 为某一具体产业。

2）土地政策参与宏观调控作用机制的分析

在分析土地政策参与宏观调控的作用机制时，将国民经济分为第一产业、第二产业、第三产业三个部分来考虑。

首先，分析土地政策调控第一产业的作用机制。第一产业（农业）是我国的最基本产业，农业的发展不仅关系到广大农民的利益和国家的粮食安全，还关系到国家的长治久安。粮食问题是一个关系到国计民生的重大战略问题，我国的耕地面积只占世界的 7%，却要养活占世界 20%左右的人口。未来一段时期内，人均耕地面积逐渐减少仍然是我国人地关系的主要矛盾之一，为保障粮食安全而进行的耕地保护一直是国家的工作重点。早在 1994 年，美国世界观察研究所所长布朗在美国《世界观察》杂志发表了题为《谁来养活中国》的文章，直指中国未来粮食安全问题，引起了广泛的讨论，给中国敲响了警钟。我国人口已接近 14 亿，预测每年人口增加 1000 万，到 2030 年我国人口总量将达到 16 亿的峰值，对粮食的需求也将相应增加。据农业部农村经济研究中心测算，我国 2010 年粮食缺口 1100 万 t，2015 年缺口 2200 万 t，2020 年缺口将达 2800 万～2900 万 t，对我国的粮食安全是一个严峻的考验（马俊峰，2010）。"无粮则乱"，粮食对于国家和社会稳定大局起着至关重要的作用。"民以食为天，食以农为源，农以地为本"正是农地为人类提供粮食这一基本生存要素的社会稳定功能价值的体现。人类消耗的 80%以上的热量和 75%以上的蛋白质以及部分穿着纤维，直接来自农地（郭贯成等，2010）。农地生产出来的粮食和农副产品，不仅是工业发展的基础，也是城市生存和发展的基础，所以说，农地是关系我国经济和社会可持续发展的全局性战略问题，对维护社会稳定意义重大。中央对农业工作高度重视，1982～1986 年连续五年发布以农业、农村和农民为主题的中央一号文件，对农村改革和农业发展做出具体部署；2004～2018 年又连续 15 年发布以"三农"为主题的中央一号文件，强调了"三农"问题在中国社会主义现代化时期"重中之重"的地位。中央一号文件本身就包含了很多土地政策，国家通过规定全国各级耕地保有量、划定基本农田保护区、实施农地非农化用途管制，实现保证农业可持续发展和全国粮食安全的目的；通过国家级、省级、市级土地整治项目库的建设达到增加农地面积和提高农地质量的目的；通过耕地占补平衡政策达到区域耕地总量动态平衡的目的。农村土地政策的稳定将直接影响农村经济的发展，根据国民经济发展所处阶段的特点，选择

适宜的农村土地政策将会鼓励农村经济发展，否则将阻碍发展。如 20 世纪六七十年代的土地集体经营制度一度降低了农民的生产积极性，严重阻碍了农村经济的发展；而在实行土地承包责任制后，生产力得到极大解放，农村经济发展迅速，推动了国家的改革开放和经济发展。

其次，分析土地政策调控第二产业（主要是工业）的作用机制。近年来，在新增建设用地中，工业用地占有相当大的比例，对土地利用和经济发展影响很大。工业用地可以分为两部分进行考虑：一是未开工和新开工项目，二是已生产项目。因为任何一个工业项目建设都离不开土地，所以可以通过调节土地供应总量和结构，引导工业结构调整，促进工业结构优化。对于符合国家发展战略和产业政策的产业，如战略性新兴产业，可以在土地供应、土地税收、土地融资、土地价格等方面给予优惠以支持和鼓励其发展；对于禁止性项目，停止供地；对于限制性项目，提高供地标准和条件；对于已生产项目，也可以分为鼓励类、限制类和禁止类分别调控。鼓励类项目可通过降低土地税费、发放低息土地贷款和降低土地租金等方式获得发展；限制类项目则通过提高土地税费和土地租金的方式限制其发展；对于禁止类项目，国家在一定年限内收回土地，对土地进行重新出让，用于科技含量高、占用土地少、单位产值多的用地项目。实践表明，国家运用土地政策参与宏观调控，保障了经济发展中的合理用地需求，促进了产业结构调整、增长方式转变和区域协调发展，取得了良好的成效，体现了中国特色社会主义制度的优越性。

最后，分析土地政策调控第三产业的作用机制。第三产业包括交通运输、仓储和邮政业、信息传输、计算机服务和软件业、批发和零售业、住宿和餐饮业、金融业、房地产业、租赁和商务服务业、科学研究、技术服务和地质勘查业、水利、环境和公共设施管理业、居民服务和其他服务业、教育、卫生、社会保障和社会福利业、文化、体育和娱乐业、公共管理和社会组织、国际组织等，即除第一、第二产业以外的其他产业。世界发达国家的发展经验表明，第三产业将成为经济中产值比例最大的产业，在经济发展中的地位和作用日益显著。土地政策调控第三产业的作用机制与第二产业类似，对国家鼓励发展的服务业等应给予政策支持，主要集中在土地、金融、税收、基础设施等优惠上，土地部门应积极主动完成规划调整、建设项目用地审批和供地手续，在土地供应、土地税收、土地融资、土地价格等方面给予优惠，大力扶持服务业的良性发展，完善宏观调控。值得注意的是，运用土地政策对第三产业进行调控时，应对产业进行细分和差异化处理，实行差别化的用地政策。

第3章 框架构建：江苏省"五位一体"土地宏观调控体系

江苏省是我国经济大省，同时也是资源小省，自 20 世纪 80 年代以来，江苏省在实践中不断探索土地宏观调控做法，积累了丰富的经验。2016 年以来，江苏省以国土资源供给侧结构性改革为主线，全面深入推进节约集约用地"双提升"行动，积极构建新时代保护、保障、调控"两保一调"国土资源管理新机制，对江苏省新形势下的土地宏观调控提出了新的要求，也为江苏省"五位一体"土地宏观调控创新机制的构建提供了契机。

3.1 江苏省区域概况与土地利用特征

3.1.1 自然与经济社会发展概况

江苏省位于东经 116°18′~121°57′，北纬 30°45′~35°20′，地处我国大陆东部沿海中部，东濒黄海，与上海市、浙江省、安徽省、山东省接壤，地处沿海、长江、陇海三条国土重要轴线的结合部，具有跨江滨海的独特区位优势，在"一带一路"建设以及长江经济带发展中具有重要的战略地位，是"一带一路"倡议的交汇点。

江苏省际陆地边界线 3383km，面积 10.72 万 km²，海域面积 3.75 万 km²，共 26 个海岛。省域地势低平，水网密布，河湖纵横，全省平原占土地总面积约 69%，比例居全国各省（自治区、直辖市）之首，大部分区域适宜高强度、大规模工业化、城市化开发。江苏省地处亚热带季风气候与暖温带季风气候过渡区，气候温暖，雨量充沛，水热同期，自然资源本底条件差异较小，是久负盛名的"鱼米之乡"。江苏省是长江三角洲区域的重要组成部分，与上海市、浙江省、安徽省共同构成的长江三角洲城市群已成为六大世界级城市群之一。江苏省是我国近代民族工业和乡镇工业的发祥地，是开放型经济最发达的地区之一，也是全国现代高科技产业和城镇密集地区之一。

江苏省是我国经济社会最发达的省份之一。2016 年，江苏省以占全国约 1%的土地，承载了近 6%的人口，贡献了超过 10%的 GDP。截至 2016 年年底，全省下辖 13 个设区市，41 个县（市）和 55 个市辖区，常住人口 7998.60 万人，城镇化率 67.7%，人口密度为 746 人/km²。全年实现 GDP 76086.17 亿元，按常住人口计算，人均 GDP 9.5 万元。江苏省的地区发展与民生指数（DLI）均居全国省域第一，已步入"中上等"发达国家水平。

3.1.2 江苏省"两聚一高"战略

建设经济强、百姓富、环境美、社会文明程度高的新江苏，是习近平总书记 2014 年 12 月在江苏省视察时，对江苏省发展提出的新要求。为了实现这一美好蓝图，江苏省围绕"五个迈上新台阶"做出周密部署。2016 年江苏省第十三次党代会，紧扣新江苏定位，提出"聚力创新、聚焦富民，高水平全面建成小康社会"总目标、总任务，明确了今后一个时期江苏省的发展取向、工作导向、奋斗指向。以"两聚一高"新实践建设"强富美高"新江苏，既是深入学习贯彻习近平总书记系列重要讲话精神的现实要求、基本路径、重要抓手，又是当前和今后一个时期江苏省发展的大格局、大思路、大逻辑，具有鲜明的时代性、战略性、引领性。

聚力创新，是指以创新引领发展转型升级。创新是引领发展的第一动力，是五大发展理念之首。当前，创新发展已成为世界发达国家应对新一轮科技革命和产业变革挑战的共同选择，当前我国正处于"三期叠加"（增长速度换档期、结构调整阵痛期、前期刺激政策消化期）的经济发展新常态，要突破发展瓶颈制约、转换发展动力机制，迫切需要深化改革，突出创新发展。江苏省也处于转型升级关键时期，需要以全面创新的精神激活更大的创造活力，提升发展新水平，营造发展新环境。

聚焦富民，就是让老百姓过上更好的生活。习近平总书记指出，"人民群众对美好生活的向往，就是我们的奋斗目标"。聚焦富民要求坚持以人民为中心，坚持共享发展，让改革发展成果更多、更公平地惠及 8000 万江苏省人民，提高广大人民群众的富裕程度和生活质量，提升人民群众的获得感和幸福感，让全面小康真正造福人民群众。

高水平全面建成小康社会，是指在全面建成小康社会上"高标准""先行一步"，提供"江苏样本"。其核心是经济发展更高质量、人民生活更加幸福、生态环境更加优美、文化更加繁荣发展、城乡区域更加协调、社会治理更加完善。

3.1.3　江苏省土地利用特征

根据江苏省土地利用现状变更调查数据，截至 2016 年年底，全省土地总面积为 1072.17 万 hm^2。其中，农用地面积 649.78 万 hm^2，占土地总面积的 60.6%；建设用地面积 229.32 万 hm^2，占土地总面积的 21.4%；未利用地面积 193.08 万 hm^2，占土地总面积的 18.0%。土地利用总体特征表现为以下几个方面。

土地资源禀赋优越，耕地面积比例较高。江苏省山地面积小，地形以平原为主，水资源条件较好，水网较密集。全省的地形地貌呈现"一山两水七分田"的特征，低山丘陵、水域、平原面积占比分别为 14.3%、16.8%、68.9%，农业发展条件优越。农用地占全省土地总面积的 60.6%，其中耕地占农用地的比例为 70.5%，主要分布在北部、中部以及东部地区。

土地开发强度高，土地利用效益的区域差异明显。江苏省人口稠密、经济社会发达，同时也是全国土地开发强度最高的省（区），2016 年达 21.4%，其中苏南、苏中和苏北[①]土地开发强度分别为 29.0%、20.1% 和 18.5%，无锡市达到 32.5%，苏南部分县市甚至超过 40%。全省建设用地的效益较高，2016 年达到 314.0 万元/hm^2，三大区域的单位建设用地产出分别为 539.4 万元/hm^2、313.2 万元/hm^2 和 159.0 万元/hm^2，区域差异显著。

---

① 苏南地区包括南京、无锡、常州、苏州和镇江五市；苏中地区包括南通、扬州和泰州三市；苏北地区包括徐州、连云港、淮安、盐城和宿迁五市。

低效闲置土地面积大，土地集约利用程度有待进一步提高。2016 年，农村居民点面积为 105.36 万 hm²，占全省土地总面积的 9.8%，在城乡用地中占比达 56.4%。由于平原与水网地区的地形地貌特点和传统的居住习惯，江苏省农村的居住村落相对分散，村落主要表现为沿河沿路的条带状、北部区域与丘陵山区的小聚落及零星散布等形态。全省人均农村建设用地达 408m²，具有较大的整治潜力和布局优化的空间。同时，江苏省还存在较大面积的工矿废弃地、低效废弃盐田，城镇内部低效建设用地也广泛存在，土地节约集约利用水平还有较大提升空间。

耕地后备资源数量少，土地开发难度大。经过多年的各类土地整理、复垦、开发项目的实施，全省可供开发利用的耕地后备资源逐年减少。据 2015 年江苏省耕地后备资源调查成果，全省耕地后备资源总量为 32.23 万 hm²，其中"十三五"期间潜力 17.29 万 hm²。耕地后备资源主要集中在沿海滩涂区域，滩涂围垦开发具有难度大、成本高、形成高产稳产耕地周期长的特点，全省耕地占补平衡压力大。

3.2　江苏省土地宏观调控的历史脉络

江苏省是经济强省，也是用地需求大省，处理好有限的土地资源与日益增长的用地需求矛盾，是必须正确面对的严峻课题。从 20 世纪 90 年代开始，江苏省积极运用土地这个工具，通过土地规划、土地供应、土地整治、耕地保护等，促进经济增长，开始了土地宏观调控的探索。国家做出土地政策参与宏观调控决策后，江苏省紧密结合实际，积极贯彻落实，不仅有效地收紧了土地供应"闸门"，抑制了地方投资扩张冲动，而且大大提高了土地规范管理和集约利用的水平，有力地促进了经济社会又好又快发展，初步走出了一条符合科学发展要求、具有江苏省特点的土地宏观调控之路。国家正式提出土地政策参与宏观调控是 2003 年，而且首先是从土地政策参与房地产市场、稳定住房价格作为重点而展开的，通过数年调控历程中的各种措施，逐步形成了一个完整的土地政策调控体系。2003 年以来，江苏省土地宏观调控经历了以下几个阶段，具有鲜明的时代特征。

3.2.1　江苏省土地宏观调控的初始阶段（2003～2007 年）

2003 年 2 月，国土资源部下发《关于清理各类园区用地加强土地供应调控的紧急通知》（国土资发〔2003〕45 号），拉开了土地宏观调控的序幕。针对经济领域一度出现的投资增长过快问题，江苏省严格落实国家各项土地政策，先后在清理整顿开发区、执行产业发展政策、合理安排建设用地、保障农民权益、推进节约集约用地、改革征地制度、推行工业用地招标拍卖等方面，细化和完善了一系列强有力的政策规定，使严格土地利用和管理有了完备和系统的政策依据。特别是在土地利用方面，实行了比国家要求更加严格、更加明确、更加具体的"四个一律"政策标准，即没有合法的项目建设批准文书一律不得供地，低水平重复建设项目一律不得供地，严重浪费土地资源的"政绩工程"一律不得供地，征地补偿安置不落实、严重侵害农民利益的一律不得供地。与此同时，推行建设项目用地全程管理制度，建立土地利用"批前早介入、批中严把关、批后重监督"的全程监管机制，从而保证了宏观调控政令畅通，调控目标得以落实。

　　具体来说，这个阶段江苏省土地宏观调控工作主要包括四个方面：一是调整优化土地利用结构。江苏省把土地利用总体规划与城市建设、产业发展、区域振兴等规划有机衔接起来，促进用地结构不断优化。通过土地利用结构调整，工矿用地比重逐步下降，服务业用地比重逐步提高。工矿仓储用地的比例从 2005 年的 57.1%下降到 2007 年的 50.6%，下降了 6.5 个百分点；同期，商业服务业用地的占比由 5%增加到 7%。二是优先保障重要基础设施和重大产业项目用地。江苏省在严格执行国家土地利用计划的同时，优先保证能源、交通、水利等重要基础设施和重大产业项目用地，对投资达 1 亿美元以上的外资及重大民资项目，实行省级点供计划。2007 年全省安排点供计划项目 82 个，新增建设用地计划 2.9 万亩，所涉及的项目共吸引外资 61.7 亿美元和 470 亿元人民币，较好地保证了合理的用地需求，促进了产业升级，增强了发展后劲。三是积极盘活存量建设用地，提高土地利用效率。江苏省集中力量开展存量土地大清查，积极引导新上项目优先使用存量土地和闲置土地，从严控制新增建设用地。2005 年，全省存量建设用地占供地总量的 43%，2007 年这个比例达到 57%[①]，可见江苏省十分注重存量建设用地的盘活利用，有效地提高了土地利用效率。四是积极倡导集约利用土地。江苏省严格执行国家制定的工业项目用地标准，坚决杜绝假借项目圈占土地、宽打宽用、浪费土地行为，明确规定除基础设施建设投资外，苏南省级以上开发区一般每亩土地的实际投入不得低于 250 万元，苏中不得低于 160 万元，苏北不得低于 120 万元。2005 年，在省级预审的工业项目中，苏南、苏中、苏北的投资强度每亩分别达到 408 万元、293 万元和 126 万元，大大超过省定工业项目用地的投入标准。通过提高用地准入的门槛，提高了土地集约利用水平，提升了土地产出水平和经济效益。

　　此外，江苏省还积极加强土地市场信息化建设，增强土地宏观调控能力。2004 年，根据《国务院关于深化改革严格土地管理的决定》（国发〔2004〕28 号），推行土地交易阳光操作，营造江苏省"公平、公正、公开"的土地市场环境，规范土地市场秩序，江苏省积极开展土地市场信息网的建设工作，该网站面向社会、面向基层、服务于全省土地市场，它应用现代计算机技术、Internet、WebGIS、多媒体技术和现代传媒技术，进行土地市场信息的采集、加工、处理、统计、分析、发布。2004 年 6 月，江苏省国土资源厅先后组织相关的专家、技术人员对江苏省土地市场信息网建设需求和建设环境进行调研与分析，编写了《江苏土地市场信息网需求分析报告》。为确保项目的顺利实施和建设的高质量，专门召开研讨会，编制了《江苏土地市场信息网建设方案》。建设内容包括：构建省、市、县三级联动的土地市场信息体系，使全省土地市场交易连成一体，为异地进行土地招标、拍卖、挂牌的报名、申请、交易提供技术支持；为全省土地招拍挂活动提供先进、便捷的资讯传媒平台；提供权威的地价资讯，包括全省城镇土地基准地价、地价动态监测成果等，更好地服务江苏省土地市场；为投资者全面了解全省土地供应情况提供快捷通道，依托江苏省土地市场网的电子地图数据库，实现建设用地信息的空间可视化管理；根据社会服务

---

① 数据分别引自《2005 年江苏省国土资源工作总结》《江苏省 2007 年国土资源综合统计分析报告》。

的需要，进行各种数据统计分析；为社会参与监督江苏省土地市场交易提供平台。2004
年 9 月中旬，江苏省土地市场信息网建设项目正式启动。项目建设分工程信息发布系统和
网上交易系统两期工程。第一期工程信息发布系统包括新闻政策、土地供应信息、土地市
场交易信息、地价信息、房地产开发与中介服务信息的发布、空间数据查询分析等，其
中空间数据查询分析是网站最具特色的功能，充分发挥 WebGIS 的功能优势，将土地市
场交易、地价信息、土地供应信息等的属性数据与空间数据统一管理，为用户提供方便、
直观地查询信息。经过不断努力，土地市场信息网的信息发布和后台管理系统的开发基
本完成，在南京、盐城、南通、昆山、泰兴、金坛、扬中、宜兴八个地区进行试点运行。
2005 年 9 月 28 日，江苏省土地市场网在全国率先建成开通运行，向社会提供供地计划、
土地出让公告、公告地块、成交公示、供地结果、二级市场（转让、出租、抵押）等土地
交易信息的公开、公示，便于社会公众的监督；提供各种类型的土地市场资讯、土地研究
分析报告、地价动态监测报告等。

3.2.2　江苏省土地宏观调控的深入推进阶段（2008～2011 年）

自 2008 年，世界金融危机的冲击波不断扩散和蔓延，国际经济环境不断恶化，对
我国的经济发展产生了严重的影响。面对国际和国内的经济形势，党中央、国务院制定了
保增长、扩内需、调结构的宏观经济政策和一系列切实可行的措施。土地是最宝贵的生产
要素，是最巨大的国家资产。土地作为宏观调控的有效工具，为积极应对国际金融危机，
保持国家经济又好又快发展，发挥了不可替代的作用。在这个大背景下，江苏省按照中央
的统一部署，对当时的经济社会发展环境进行科学的、实事求是的分析，制定与之相适应
的方针、政策和措施。伴随着积极的财政政策和适度宽松的货币政策，江苏省加快了土地
审批和供应，稳步增加了建设用地供应量，有力地促进了经济的增长。具体措施包括：一
是严格规范土地市场秩序。建立和完善了基准地价定期更新和公布制度、土地登记可查询
制度、集体决策制度等各项制度，各类土地交易必须在土地有形市场公开进行，确保国有
土地资产的保值增值。二是严肃查处扰乱土地市场秩序的违法违规行为。对违法占地、非
法交易、非法入市、扰乱土地市场秩序的单位和个人，严格按照有关规定查处，构成犯罪
的，依法追究刑事责任。三是严格实行土地管理信访目标管理。将信访工作摆上重要位
置，坚持"一把手"负总责，开展"矛盾纠纷排查化解"活动，畅通被征地农民利益诉
求渠道，及时化解各类矛盾。

保护耕地和基本农田是土地政策参与宏观调控的重要内容，是各级政府必须严格
遵守的政策底线。2008 年以来，江苏省妥善处理保护资源与保障发展的关系，制定了
系统而又十分严格的耕地保护措施，强化各级政府的责任，有效地提高了耕地特别是
基本农田保护水平。具体措施包括：一是建立耕地保护长效机制。江苏省政府出台耕
地保护责任目标考核办法，明确各设区市市长是本行政区域内的耕地保有量和基本农
田保护面积的第一责任人，建立了耕地和基本农田保护规划制度、保护区制度、占用
基本农田审批制度、占补平衡制度。二是加强基本农田基础工作建设，全面更新基本
农田保护区档案资料，绘制基本农田保护地块分布图，有条件的地方还建成了基本农

田保护基础数据库和管理信息系统，为基本农田动态监管提供依据。三是大力推进土地开发整理。坚持把开发整理土地资源作为缓解土地资源矛盾的重要抓手，加大投入力度，加强政策引导。

2008 年年底，江苏省为探索集聚土地资源、发展现代农业、统筹城乡发展的新路径，开始试行推进"万顷良田建设工程"。所谓"万顷良田建设工程"是指依据土地利用总体规划、城镇规划，按照城乡统筹发展、加快社会主义新农村建设的要求，以土地开发整理项目为载体，以实施城镇建设用地增加与农村建设用地减少相挂钩政策为抓手，通过对田、水、路、林、村进行综合整治，增加有效耕地面积，提高耕地质量；将农村居民迁移到城镇，节约集约利用建设用地；建成大面积、连片的高标准农田，优化区域土地利用布局，实现农地集中、居住集聚、用地集约、效益集显目标的一项系统工程。江苏省人多地少，全省人均耕地不到 1 亩，这种零散化的耕作和居住方式，资源占用多，配套成本高，农业始终显得弱质而低效。加之外出打工农民增多，江苏省非农产业在农村经济中的比重超过90%，大部分农民已不再主要依靠种地增收，这为土地规模经营提供了条件。同时，江苏省经济社会发展对土地需求量也越来越大，推动农民由散到聚，可以节省大量的建设用地。由此，"万顷良田建设工程"应运而生。江苏省"万顷良田建设工程"试点实施几年来取得了较好成效，缓解了资源失配、耕作零散、农村散居等问题，在有效集聚潜在资源、有序统筹城乡发展上发挥了一定作用。

3.2.3 江苏省土地宏观调控的深化提升阶段（2012 年以来）

2012 年，为贯彻落实十七届三中、五中全会精神和建立最严格的节约用地制度、实施节约优先战略的要求，国土资源部发布了《关于大力推进节约集约用地制度建设的意见》，首次完整地阐述了节约集约用地制度的八项内容，包括：土地利用总体规划管控制度、土地利用计划调节制度、建设用地使用标准控制制度、土地资源市场配置制度、节约集约用地鼓励政策制度、土地利用评价考核制度等，并要求各地严格执行各类土地使用标准，加大审查力度，加强对标准执行的监管和评价。

2013 年，江苏省委省政府和国土资源部达成以土地利用方式转变促进经济发展方式转变的共识，决定在江苏省开展节约集约用地改革创新工作。2014 年，在国土资源部批复《江苏省推进节约集约用地工作方案》的基础上，江苏省委省政府出台《关于全面推进节约集约用地的意见》，把节约集约用地上升为全省重大战略，全面实施节约集约用地"双提升"行动计划。行动开展以来，江苏省全省上下深入贯彻部、省要求，紧紧围绕"提升节地水平、提升产出效益"总目标，严守耕地保护数量质量、永久基本农田、生态保护、城市开发边界四条红线，实施"空间优化、五量调节（控制总量、减少增量、盘活存量、用好流量、提升质量）、综合整治"三大战略，着力推动节约集约用地政策、制度、机制、科技创新，积极构建以基础目标、策略路径、保障支撑、技术规范、综合考评为重点内容的节约集约用地战略体系（图 3-1），推动国土资源工作从以指标保障、规模扩张为特征的要素驱动向以制度创新、高效利用为核心的创新驱动加快转型，服务和支撑"强富美高"的新江苏建设与"两聚一高"战略部署实现。截至

2016 年年底，通过实施"双提升"行动，全省耕地保有量 516.17 万 hm² （7743 万亩），远高于国家下达的 456.87 万 hm²（6853 万亩）的任务；永久基本农田保护面积 392.00 万 hm² （5880 万亩），超过国家下达的 389.60 万 hm²（5844 万亩）任务；土地开发强度控制在 21.38%，低于 22% 的目标；建设用地供应的增量、存量比由 2014 年的 65：35 降为 43：57，存量用地盘活利用得到大幅增长。"十二五"期间，全省单位 GDP 建设用地消耗下降 33%，地均产出增长 50%。在 2015 年的基础上，2016 年全省单位 GDP 建设用地消耗再下降 6.39%，地均产出增长 6.83%。

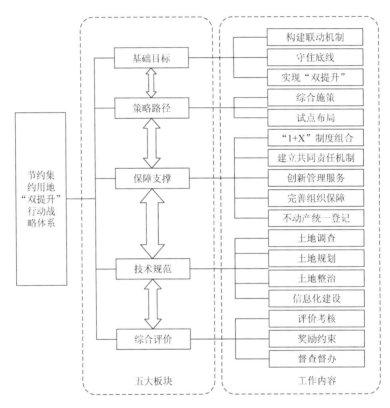

图 3-1　江苏省节约集约用地"双提升"行动战略体系（引自《面向新常态的节约集约用地战略体系》(2016)）

　　2016 年以来，江苏省全面贯彻国家关于供给侧结构性改革的要求，以国土资源供给侧结构性改革为主线，在全面深入推进节约集约用地"双提升"行动的同时，积极构建新时代保护、保障、调控"两保一调"国土资源管理新机制，统筹运用政策新工具、行政新举措和技术新手段，全力服务支持"两聚一高"新实践。"两保一调"中，保护是根本任务，对耕地和基本农田的数量和质量、矿产资源和地质环境乃至各类自然生态空间进行更加严格的保护；保障是基本职责，通过充分发挥国土资源基础性、支撑性作用，保障创新发展、协调发展、绿色发展、开放发展、共享发展；调控是重要职能，以提高资源配置的质量和效益为核心，通过国土资源政策的制定、实施、调整和完善，促进经济增长、产业结构优化等，最终实现经济长期稳定增长、社会可持续发展的目标。

3.3　江苏省土地宏观调控绩效

3.3.1　土地利用总量调控不断强化

1. 耕地总量减少趋势得以遏制

1997～2016 年，全省耕地面积从 505.05 万 hm² 减少到 458.02 万 hm²，共减少 47.03 万 hm²，年均减少 2.47 万 hm²。剔除 2009 年第二次土地调查中耕地面积的突变因素，全省耕地大量减少的趋势已得到遏制。1997～2001 年，全省耕地年均减少量为 1.18 万 hm²，2002～2007 年，年均减少 3.98 万 hm²（图 3-2）。2008 年，江苏省耕地首次实现净增加，2012 年和 2015 年再次出现净增加。2010～2016 年全省耕地净减少 4.15 万 hm²，年均减少 0.58 万 hm²。

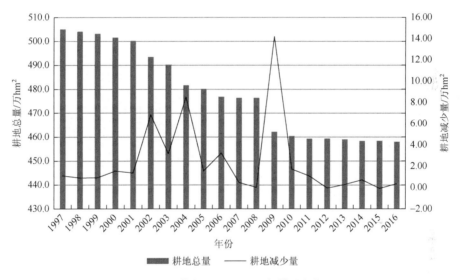

图 3-2　江苏省 1997～2016 年耕地变化图

2. 建设用地增量总体呈下降趋势

1997～2016 年，江苏省建设用地总规模从 162.83 万 hm² 增加到 229.32 万 hm²，共增加 66.49 万 hm²，年均增加 3.5 万 hm²（图 3-3）。剔除 2009 年第二次土地调查的突变因素，全省建设用地总量增加的幅度有所降低。1998～2004 年，随着经济社会的快速发展，尤其是开发区热，导致全省建设用地大幅增加，2004 年全省建设用地增加 6.29 万 hm²，其中苏南地区增加 4.13 万 hm²，占全省增量的 65.73%。2005 年以来，全省建设用地总量增加呈递减趋势，尤其是 2012 年以来，年均建设用地增加为 2.08 万 hm²，相当于 2004 年峰值的三分之一。一方面这是因为宏观经济下行，经济发展进入新常态，用地量减少；另一方面和江苏省加大土地宏观调控力度，实施节约集约用地"双提升"战略有直接的关联。

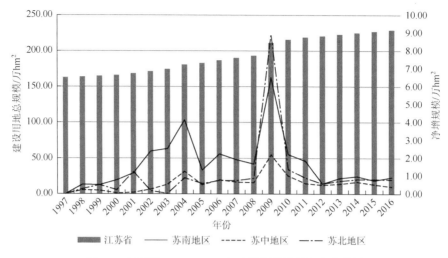

图 3-3　江苏省 1997～2016 年建设用地增量年度变化图

"十二五"期间,国土资源部批复江苏省为全国节约集约用地试点省份,2014 年,江苏省全面推进"提升节地水平、提升产出效益"的"双提升"行动。随着"双提升"行动的实施,有力助推了全省节约集约用地水平的提升,在控制建设用地总量与强度方面取得了很好的成效。2011 年建设用地增量达 3.30 万 hm², 2016 年增量降低至 2.11 万 hm², 降幅达 36%。其中苏南地区增量下降最为明显,2011 年建设用地增量达 1.84 万 hm², 到 2016 年降低到 0.92 万 hm², 降幅达 49.8%。建设用地增量虽然受"稳增长"的土地宏观调控政策的影响,年度间呈现一定幅度的波动,但全省建设用地增量总体呈下降趋势。

3.3.2　保障了经济社会可持续发展

1. 提升经济发展质量

通过土地宏观调控,逐步减少资源消耗,保障了经济社会发展的合理用地需求的同时,促进了资源利用水平的提高。江苏省 2016 年人均占有耕地为全国人均耕地的三分之二,人口密度居全国各省(自治区、直辖市)之首。与此同时,江苏省土地后备资源较少,主要分布在沿海滩涂,开发的难度大、成本高。在实施"两聚一高"战略进程中,江苏省面临的人地矛盾十分尖锐突出。江苏省委省政府明确把"单位 GDP 用地"作为专门指标列入地方政绩考核体系,就是以此督促各地节约用地、集约用地。此举意味着,江苏省在保持 GDP 稳定增长的同时,要求相对消耗的土地资源必须越来越少。全省单位 GDP 建设用地占用规模逐年降低,2010 年全省为 54.64hm²/亿元,2016 年下降至 31.85hm²/亿元,降幅达 41.7%。

通过调整供地结构,促进产业结构转型升级。落实土地资源宏观调控政策最直接、最突出的效果,直接反映在对土地节约集约利用的力度和成效上,土地供应结构逐步优化,形成了节约集约用地的倒逼机制,土地的投入强度和产出效益显著提高,导向更加明确。宏观调控下的土地资源政策已经成为产业结构调整的助推器。近年来,江苏省三次产业结构呈现出一种工业化、合理化、高度化的发展势头。三次产业比例由 2001 年的

11.57∶51.89∶36.53 调整为 2016 年的 5.4∶44.1∶50.5。"十二五"期间，产业结构调整不断深化，三次产业结构实现"三二一"的标志性转变。

2. 土地宏观调控促进社会和谐

通过土地供应调控使土地供应结构趋于合理。在近年江苏省政府积极的调控政策引导下，土地市场趋于理性。江苏省国土资源部门认真贯彻落实国家和省委、省政府重大战略部署，完善产业用地差别化供应机制，大力支持先进制造业、战略性新兴产业、现代服务业等新产业新业态用地，严格落实产业政策，把好土地供应关口。从 2014～2016 年供地结构来看，全省工矿用地、经营性用地、公益性用地的供应规模占比约为 3∶3∶4，土地供应结构进一步趋于合理。

保障房建设力度逐步加强。按照国家和江苏省关于"调整住房供应结构、稳定住房价格"的总体要求，在调整土地供应总量和结构，保障廉租住房、经济适用住房和中低价位、中小套型普通商品住房建设用地供应等方面采取积极措施：加强计划调控管理，督促各地科学编制年度供地计划，进一步调整土地供应结构。各地在实践过程中充分发挥土地政策的调节作用，按照保障民生住宅用地需求的目标要求，根据住房建设规划及其年度实施计划，在年度供地计划安排上重点保障和优先安排廉租住房、经济适用住房和中低价位、中小套型普通商品住房用地，且其年度供应总量不低于住宅用地供应总量的 70%，并在土地利用年度计划和供地计划的编报与下达时相应予以说明和落实。继续停止别墅类房地产土地供应，严格控制高档公寓、低密度、大套型等高档住宅用地供应。2016 年，江苏省对保障性安居工程建设用地实行计划单列，根据省政府年初确定的全年保障性安居工程建设目标任务和全省保障性安居工程建设标准的有关规定，每年年初将保障性安居工程用地计划预下达各地执行。

被征地农民基本生活保障有效提高。保障被征地农民合法权益，是土地政策参与宏观调控的重要原则，也是缓解征地矛盾、保证社会和谐稳定的基本要求。2005 年，江苏省在全国率先建立被征地农民基本生活保障制度，2013 年，江苏省省政府出台征地补偿和被征地农民社会保障办法，做到被征地农民"应保尽保"，从制度上解决了被征地农民的保障问题。一是严格加强征地审查报批管理。加强了对征地行为合法性、补偿标准合理性、安置措施可行性的审查，认真履行告知、确认、听证程序，切实保障被征地农民的知情权和参与权，禁止"以租代征"等乱占滥用农村集体土地的行为。二是严格落实征地补偿安置费用。2010 年，江苏省国土资源厅下发《关于实行预存征地补偿款制度的通知》，实行征地补偿资金预存制度，在征地报批前，市、县人民政府要将征地补偿费用和被征地农民社会保障资金中政府出资部分存入征地补偿资金预存专户，确保相关费用按时足额发给农民。同时建立了征地补偿标准动态调整机制，根据社会经济发展水平和物价变动情况适时进行调整。三是安置补偿标准得到提高。根据《江苏省政府关于调整征地补偿标准的通知》（苏政发〔2011〕40 号）文件，征收农用地的土地补偿费最低标准，一、二、三、四类地区分别为每亩 24000 元、21000 元、18000 元、16000 元。每一名需要安置的被征地农民，其安置补助费最低标准，一、二、三、四类地区分别为每人 26000 元、23000 元、17000 元、14000 元。四是帮助失地农民就业创业。江苏省出台了创业就业鼓励政策，对失地农民培训和就业给予大力支持，有劳动能力和就业愿望的失地农民就业率达到 90% 以上。

3. 土地宏观调控推进城乡区域统筹

区域发展协调性进一步增强。自改革开放以来，江苏省区域发展大体可以划分为四个阶段。第一阶段（改革开放至 1993 年）：两极化倾向加速阶段。改革开放后，苏南凭借区位优势和历史积累，充分利用国家政策，经济取得迅速发展，南北差距迅速增大。第二阶段（1994 年到"十五"末）：两极化倾向趋缓阶段。鉴于区域发展极差加剧的事实，1994 年 12 月江苏省第九次代表大会明确提出了"区域共同发展"战略并全力推进，经过十多年的发展，江苏省区域差距基本平稳，苏南经济总量占全省的比重在 2005 年达到历史顶峰，为 62.1%，比 1993 年年底仅增加 3.3 个百分点。第三阶段（"十一五"期间）：南北差距逐步缩小阶段。江苏省继续贯彻区域共同发展战略，于 2008 年提出沿海地区发展战略，将沿海地区发展与加快苏北振兴更好地结合起来，江苏省南北区域发展差异逐步扩大的趋势开始扭转。第四阶段（从"十二五"开始）：实施区域协调发展战略的新阶段。江苏省在国民经济和社会发展"十三五"规划纲要中提出，在更高层次上推进区域协调发展。全面融入国家区域发展总体布局，统筹实施苏南、苏中、苏北地区和沿沪宁线、沿江、沿海、沿东陇海线经济带战略组合，推进沿运河地区加快发展，培育区域经济增长点和增长极，构建更加科学合理的生产力布局。

江苏省区域发展协调性进一步增强，这与江苏省施行的区域差别化土地利用战略是息息相关的。近年来，江苏省积极推行土地利用差别化，按照各区域的资源禀赋和比较优势，形成与各区域条件相适宜、各具特色、科学合理的区域土地利用空间格局：苏南地区以特大、大城市为核心，积极发展中小城市，促进大中小城镇协调发展。在土地利用上要充分挖掘存量建设用地的潜力，按照产业结构优化升级的要求，合理配置增量建设用地；大力推进城市化和城乡发展一体化，加快农村劳动力的转移，提高农村居民点用地的利用效率；合理调整农用地的利用结构，加强地力建设，促进农用地经营的市场化、规模化；鼓励该地区充分利用城乡建设用地增减挂钩制度，有效集聚城乡资源，有效统筹城乡发展；深入转变经济发展方式，按照资源集约型社会要求，大力开展土地综合整治，改善区域生态环境。苏中地区着力抓住沿海与沿江开发的重大机遇，优化港口资源开发和整合，保障以制造业为龙头的产业发展用地和基础设施用地；稳步推进城市化和城乡发展一体化，适当强化对农村建设用地的集聚，保障城镇工业集中区的合理用地需求；推动农田示范区建设，稳定基本农田保护的数量，努力提高耕地和基本农田质量；保护生态环境，建设生态友好型社会。苏北地区积极承接国内外产业转移，保障沿陇海线产业带新型工业化的合理建设用地需求和基础设施用地；鼓励农村劳动力向苏南、苏中转移，适当控制农村建设用地规模，为苏南、苏中的发展保留适当的后备空间；加大基本农田示范区建设，优化农用地的利用结构，按照"积极复垦、鼓励整理、适度开发"的原则，全面推进土地综合整治，通过易地补充耕地的有偿方式，保障全省的耕地占补平衡。

以土地综合整治为主要抓手的城乡统筹发展得到落实。改革开放以来，江苏省经济高速增长，建设用地供需矛盾日益突出。为此，基于 20 世纪 90 年代苏南地区践行的工业用地集约化模式，江苏省于 2004 年明确提出了土地利用"三集中"要求，即"工业向开发区集中、人口向城镇集中、住宅向社区集中"。期间，大力发展第二、第三产业，使全省农村劳动力转移到第二、第三产业和城镇，农村经济中非农产业比重已超过 90%。但与此同时，在传统的分散化耕作方式和居住格局的影响下，农村公共基础设施的配套成本高且利用效率低，不能满足快速发展的生产和生活需求。并且，虽然近年各级财政明显加强了对农业的投入，但农业比较经济效益低的局面仍未能扭转。在此社会经济和政策背景下，江苏省于 2008 年年底探索试行"万顷良田建设工程"，以土地开发整理项目为载体，以实施城乡建设用地增减挂钩政策为抓手，通过对田、水、路、林、村进行综合整治，增加有效耕地面积，集约利用建设用地，优化区域土地利用布局，实现农地集中、居住集聚、用地集约、效益集显。

4. 土地宏观调控促进生态文明建设

违法占用耕地现象有所缓和。江苏省耕地面积减少的主要原因是建设项目用地和农业结构调整，同时，土地违法案件也是耕地减少的缘由之一。《中国国土资源统计年鉴》的相关数据显示，自"十五"规划以来，江苏省的土地违法立案面积一直居高不下，最高年份 2007 年达到了 0.69 万 hm^2，其中涉及耕地 0.44 万 hm^2。近年来随着处置力度的加大，土地违法立案面积及涉及耕地面积都有所缓和。可见，应健全土地执法监察机制，不断强化对各级地方政府土地利用和管理业务的全程监管，及时发现和报告土地的违法违规行为，并加大违法违规用地信息公开和查处力度。

推进生态保护引领区和生态保特区建设。2017 年，江苏省制定《关于推进生态保护领区和生态保护特区建设的指导意见》，以县级行政区域为单元开展生态保护引领区建设，培育一批生态保护特色典型，推动建设地区空间开发格局不断优化、经济结构绿色转型、环保基础设施完善、环境质量持续改善、城乡环境更加宜居、环保理念深入人心，探索生态禀赋优越地区生态文明建设新模式，引领更多地区走上经济发展和生态保护相辅相成、相得益彰的新路子。通过生态保护特区建设，优化自然保护区管理体制，创新运行机制，突出江苏省自然资源禀赋特色，构建统一登记、统一规划、统一保护、统一监管的自然资源一体化管理模式，强化治理修复、提升科研水平、营造绿色民生、塑造国际影响，实现自然资源保值增值，打造苏北腹地及沿海地区重要的区域性生态屏障。

绿化建设逐步推进。绿地系统具有生态、经济、社会等多重属性。首先，绿地系统可以改善城市环境质量，创造环境优势，促进城市地价及布局其间的各种经济成分增值；集聚外来资金和高新产业发展，带动整个城市产业结构优化升级，提升城市发展的竞争力。绿地建设作为城市经济产业的有机组成部分，形成环境经济产业链，拉动其相关经济产业的发展，促进经济增长。绿化建设对提高城市知名度，促进城市旅游业发展，集聚高素质人才，促进城市经济发展等也有积极的作用。其次，绿化建设可以有效改善城市的生态环境，增强城市的碳汇能力，减少碳赤字，促进碳氧平衡，在大力倡导低碳经济发展的宏观战略背景下，城市绿化系统承担着多种功效。同时，绿化系统可以为市民提供休闲游憩空间，促进市民之间的相互交往，创造积极的邻里空间，绿色可以缓解城市市民的紧张和焦虑情绪，平缓心理压力，对降低犯罪率和自杀事件均可以起到良好的效果。经过数据统计发现，近年来，江苏省城市的绿化覆盖率和人均公园绿地面积均有大幅度提升，人均公园绿地面积从 1980 年的 $2.7m^2$ 增加到 2016 年的 $14.3m^2$，城市绿化覆盖率从 1980 年的 19.3% 增长到 2016 年的 42.6%，城市绿化建设水平显著提高。

3.3.3　国土资源供给侧结构性改革成效明显

1. 堵疏结合促进去产能

严把用地闸门，从源头上遏制产能过剩行业用地。对产能过剩行业，不再安排新增用地计划指标，不予受理用地预审、不予办理农用地转用、土地征收和供地手续。同时，全面清理查处违法违规产能项目用地。支持产能退出企业盘活存量土地，2016 年江苏省出台《关于促进低效产业用地再开发的意见》，在土地转让、用途改变、开发利用等方面创新扶持政策，通过政府、企业和市场主体共同参与，推进产能退出企业盘活低效用地。

开展工业用地调查，积极推进低效用地再开发工作。2016 年江苏省国土资源厅会同省发展和改革委员会、省经济和信息化委员会印发了《关于推进低效产业用地再开发促进产业转型升级的实施意见》，制定了《江苏省工业用地调查技术导则（试行）》和《江苏省低效产业用地再开发专项规划及年度实施计划编制指南（试行）》，规范有序推进江苏省低效产业用地再开发工作。截至 2016 年年底，全省 114 个工业用地调查单元已基本完成工业用地调查工作，并形成了全省工业用地调查成果。常州、无锡等市结合地方实际，将工业用地调查成果应用于"以地控税、以税节地"工作，为有效落实"以地控税、以税节地"政策提供基础数据支撑。

2. 分类施策促进去库存

按照《关于进一步优化土地供应结构促进房地产市场平稳健康发展的通知》（国土资发〔2015〕37 号）的要求，积极稳妥推进房地产去库存。合理确定土地供应规模，对供求矛盾突出的城市，持续加大商品房住宅用地的供应，对去库存任务较重的区域，从严控制新增建设用地规模，鼓励未开发房地产用地转型利用，重点用于国家支持的养老、文化、科技、体育等新兴产业项目开发建设。综合运用网上交易和"限房价、竞地价"等多种方式，有序调控用地供应节奏，合理引导市场需求，避免异常高价地出现，严格执行异常交易地块报备制度。

3. 规范管理促进去杠杆

2016 年，按照财政部、国土资源部、中国人民银行、中国银行业监督管理委员会联合下发《关于规范土地储备和资金管理等相关问题的通知》（财综〔2016〕4 号）的要求，江苏省重点从 4 个方面通过有效防止地方政府债务风险促进去杠杆。一是清理压缩全省现有土地储备机构，市、县行政区域原则上只设置一个土地机构。二是规范土地储备行为，开展全省土地储备机构名录更新和审核。三是综合考虑当地经济发展水平、财力状况政府债务限额、还款能力等，科学合理编制土地储备规划和年度计划。四是调整土地储备筹资方式，新增土地储备项目资金严格纳入政府性基金预算，各地不得再向银行业金融机构举借土地储备贷款。

4. 深化改革促进降成本

2016 年，江苏省省政府办公厅出台《关于改革工业用地供应方式促进产业转型升级和企业提质增效的指导意见》，要求各地建立健全符合企业发展规律、产业生命周期和产业发展方向的工业用地供应制度，积极探索灵活选择长期租赁、租让结合、先租后让、弹性出让等多种供地方式，在规定期限内，可按合同约定分期缴纳土地出让价款。对不改变用途，通过厂房改造等途径提高土地利用率和增加容积率的，不再增收土地价款，切实降低企业用地成本。

5. 精准扶贫促进补短板

2016 年，江苏省国土资源厅出台《支持全省脱贫致富奔小康工程的实施意见》，全力支持全省经济薄弱地区实施脱贫致富奔小康工程。支持苏北重点帮扶县区调整完善土地利用总体规划，新增建设用地计划指标优先保障扶贫开发用地需要，适度增加 12 个重点帮扶县（区）年度城乡建设用地"增减挂钩"计划指标。省级安排土地整治项目，分配下达高标准农田建设项目资金，向重点片区倾斜。在重点帮扶县（区）优先安排国土资源管理制度改革试点，支持开展历史遗留工矿废弃地复垦利用、城镇低效用地再开发试点。发挥城乡建设用地增减挂钩这一特殊政策在精准扶贫中的作用，国家扶贫改革试验区、省重点帮扶县（区）和扶贫开发重点片区，挂钩节余指标可在省域范围内流转使用；黄河故道流域所涉及其他县（市、区）、黄桥和茅山革命老区所涉及的县（市、区），节余指标可在设区市域范围内流转使用。2017 年省域范围内累计流转节余指标 0.1 万 hm^2，筹集资金 111.45 亿元，有效解决了资源短缺地区的建设用地计划、占补平衡问题和贫困地区扶贫开发资金问题。

3.3.4　土地宏观调控政策机制不断完善

近年来，江苏省在国土资源管理中，适应经济社会的发展宏观形势，立足江苏省国土资源省情，制定出台了大量政策文件，土地宏观调控政策机制不断完善。在耕地保护方面，江苏省出台了《省政府关于进一步加强耕地保护工作的意见》《江苏省补充耕地指标交易管理暂行办法》《江苏省国土资源厅关于落实地方党政主要领导干部耕地保护与节约集约用地经济责任审计的意见》等文件，建立健全"责任＋激励、行政＋市场"的耕地保护新机制，在全省耕地保护责任主体、补充耕地数量质量平衡、耕地保护补偿激励机制、耕地保护执法监管等方面提出明确要求。在建设用地调控方面，出台了《关于全面推进节约集约用地的意见》《关于印发〈江苏省节约集约用地"双提升"行动计划相关目标任务分解方案〉的通知》《关于进一步加强国土资源管理的意见》《省政府办公厅关于转发省国土资源节约集约利用综合评价考核暂行办法》《江苏省国土资源节约集约利用综合评价考核实施细则（试行）》《关于改进土地利用计划分配管理的意见》《江苏省建设项目节地评价规程》《江苏省建设用地指标（2014 年版）》《关于改革工业用地供应方式促进产业转型升级企业提质增效的指导意见》等，强化建设用地总量与强度"双控"，改革土地利用计划与土地供应，综合施策，提高节地水平和产出效益。此外，江苏省还在规划管理、民生保障、法治国土等方面出台了《江苏省土地利用总体规划管理办法》《江苏省县乡级土地利用总体规划评估修改技术指南（试行）》《江苏省工矿废弃地复垦利用试点管理办法》《江苏省不动产统一登记工作方案》《支持全省脱贫致富奔小康工程的实施意见》《江苏省国土资源厅关于全面推进法治国土建设的意见》《关于建立健全国土资源执法监管共同责任机制的意见》等，不断完善全省国土资源管理制度体系，促进土地宏观调控绩效不断提高。

3.4 供给侧结构性改革背景下江苏省土地宏观调控形势分析

3.4.1 建设用地供需矛盾突出

江苏省人多地少，且又处于城市化和工业化快速发展阶段，城镇工矿用地需求量将在今后一段时期内保持较高水平；推动城乡融合发展和区域均衡发展，将进一步拉动区域性交通、水利等基础设施用地的增长；乡村振兴战略及美丽乡村建设也需要一定的用地作为支撑，这些都形成了对建设用地的刚性需求。据测算，1997 年以来，江苏省的 GDP 增加1 亿元，建设用地面积要增加 10.22hm^2 左右。随着江苏省开放型经济的迅速发展，外来人口增加迅猛，也给土地资源的空间配置带来很大压力。另外，江苏省耕地和基本农田保护任务重，土地后备资源较少，土地供给弹性系数不高，因此江苏省建设用地供需矛盾将更加凸显。

3.4.2 土地开发强度偏高，用地结构不尽合理

2016 年，江苏省建设用地总面积占土地总面积的比重为 21.39%，其中，建设用地中比例最大的为城乡建设用地，其占建设用地面积的 81.49%，大大超过全国的平均水平。近二十年来，特别是"十一五"期间和"十二五"期间，随着江苏省经济社会的快速发展，尤其是城镇化与交通基础设施建设进程加快，各项建设占用耕地越来越多，呈现快速扩张的趋势，此外，还存在城乡用地结构不合理、产业用地结构不合理的情况，如高科技产业用地结构偏低、创新项目用地比例偏小等。

3.4.3 土地利用结构区域差异明显

江苏省建设用地的空间分布呈现出明显的地区特点，从建设用地占土地总面积比重（即土地开发强度）看，呈现出苏南＞苏中＞苏北的特点（图 3-4），这与区域经济社会发展水平是一致的。从建设用地内部结构来看，城市用地、建制镇用地、农村居民点用地的空间分布与全省经济发展水平的地区差异也一致。苏南地区城市化、工业化进程较快，政

府大力发展小城镇建设，城市用地、建制镇用地占城乡建设用地的比重大幅高于苏中、苏北地区，2016 年的平均值分别为 20.7%和 35.1%，其中苏州市、南京市的城市用地和建制镇用地面积在绝对数量和相对比重上均位于全省前列；而村庄用地比重相对较低，平均值为 40.2%。苏中地区的城市用地、建制镇用地的比重高于苏北地区，平均值分别为 14.9%和 16.2%，但是由于苏北地区的采矿用地占比较高，苏中地区的村庄用地比重（平均值为 67.2%）高于苏北地区（平均值为 64.5%）。苏北地区的经济发展水平与其他地区有一定差距，城市化、工业化水平偏低，故城市用地、建制镇用地比重偏低，平均值分别为 11.4%和 13.7%；但由于连云港市和盐城市的采矿用地占全省的 63.5%，故苏北地区的采矿用地比重相对较高，平均值为 10.4%。经济发展水平高的苏南地区城市用地、建制镇用地比重较高，而经济发展水平低的苏北地区农村居民点用地比重较高。

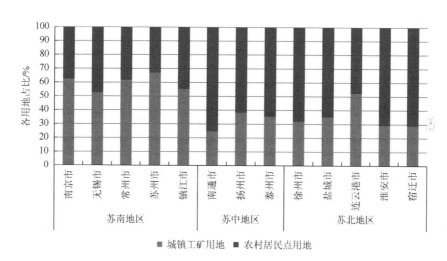

图 3-4　江苏省不同区域城乡建设用地结构（2016 年）

3.4.4　节约集约利用水平有待进一步提高

按照 2016 年当年价，江苏省建设用地地均 GDP 为 314.0 万元/hm^2，低于同期浙江省和广东省。2016 年，江苏省农村人口占总人口的比重只有 32.3%，但是农村居民点用地占城乡建设用地规模的比例为 56.38%，农村居民点用地总量已经达到 105.36 万 hm^2，人均农村居民点用地 408m^2，全省农村人口与用地规模失配，节约集约用地水平亟待提高。

3.4.5　生态环境质量不高

土地具有社会、经济与生态三个方面的特性，土地利用效益是经济效益、社会效益和生态效益的有机统一。江苏省建设用地经济效益较高，但环境效益较低。随着建设用地需求的逐年增加，对环境也产生了较多不利影响，如造成地面硬化，不利于降水下渗；破坏土壤且不易恢复；工矿污染、"三废"的排放等。江苏省城市人均公园绿地面积低于全国平均水平，且大部分绿地集中在城郊；人口密集的市中心绿地稀少，城区绿地分布不均衡，绿地的不足和分布的不均衡，导致居民休憩游乐空间缺乏，随着城市人口的不断增加，特别是人口老龄化比例加大，公共绿地不足的矛盾将更加突出，使城市人居生态环境质量进一步下降。江苏省自然保护区面积较少，占土地总面积的比重也低于全国平均水平。

3.5　构建江苏省土地宏观调控"五位一体"新机制

3.5.1　江苏省土地宏观调控的目标

依据江苏省经济社会发展状况及供给侧结构性改革的主要任务，基于供给侧结构性改革的江苏省土地宏观调控的目标定位为：严格保护耕地和生态用地，控制建设用地总量，合理调整土地利用结构和布局，提高土地利用节约集约用地水平；保持全省土地总供给与土地总需求的基本平衡，弥补市场机制调节的不足，促进经济增长、就业增加、物价稳定、社会和谐、生态良好，最终实现社会、经济、生态的协同发展。

3.5.2　江苏省土地宏观调控创新机制的构建

根据供给侧结构性改革对土地宏观调控的要求，结合江苏省"两聚一高"的战略部署，依据自身的土地利用状况和过去土地宏观调控的历史基础，围绕供给侧结构性改革内涵的三个方面，即调整经济结构，实现要素优化配置，提升经济增长的质量和效益，构建土地宏观调控"五位一体"新机制：总量调控机制、区域调控机制、结构调控机制、效益调控机制、土地宏观调控绩效评价与监测机制（图3-5）。

总量调控机制主要对应着实现要素优化配置，强化耕地和生态用地保护，通过建设用地总量与强度的"双控"行动，逐步减少新增建设用地计划，控制单位国内生产总值建设用地强度，强化约束，提升土地资源配置效率，把双控目标同经济发展、环境改善、社会和谐目标有机结合，分解落实。

区域调控机制主要对应着调整经济结构和要素优化配置，通过制定和实行差别化的土地政策，促进区域经济社会持续和均衡发展。

结构调控机制主要对应着调整经济结构，通过建立城乡统一的建设用地市场、完善城乡建设用地增减挂钩、完善产业转型升级引导、探索"人地挂钩"政策机制等，优化城乡用地结构和产业用地结构，助推产业结构优化升级，提升经济增长的治理和效益。

效益调控机制主要对应着提升经济增长的质量和效益，通过节约集约用地评价、低效用地再开发、闲置土地处置、地上/地下空间综合利用、土地综合整治等手段，提升节地水平和产出效益，从而达到提升经济发展质量、提高资源配置效率的目标。

土地宏观调控绩效评价与监测机制为前面的四大机制提供评估与反馈，是为了更好地提升土地宏观调控效果，通过土地宏观调控绩效评价、土地宏观调控监测，并从耕地保护红线预警和土地开发强度预警等方面对土地宏观调控进行预警，使土地宏观调控决策更具科学性、说服力，从而更好地为经济社会的持续稳定发展和供给侧结构性改革服务。

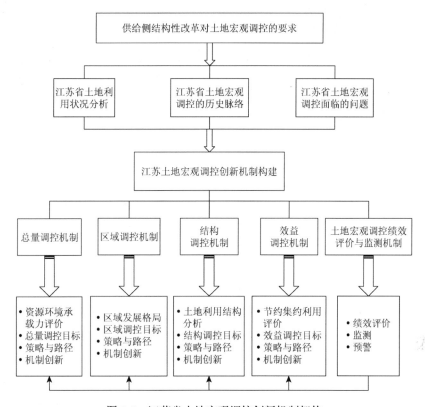

图 3-5　江苏省土地宏观调控创新机制架构

第4章 总量调控：国土开发总量与强度双控

十八届五中全会通过的《中共中央关于制定国民经济和社会发展第十三个五年规划的建议》提出，"强化约束性指标管理，实行能源和水资源消耗、建设用地等总量和强度双控行动"。十九大报告指出，加大生态系统保护力度，完成生态保护红线、永久基本农田、城镇开发边界三条控制线划定工作。实行国土开发总量与强度双控行动，是在供给侧结构性改革背景下开展江苏省土地宏观调控的核心内容。

4.1 基于资源环境承载的江苏省用地总量目标

4.1.1 江苏资源环境承载力状况

1. 国土可开发空间充足多宜，但保护与发展矛盾较为突出

江苏省地形平坦，以平原为主，坡度、高程等地形要素以及滑坡、泥石流、塌陷等地质灾害影响小，国土建设开发自然环境限制性小，扣除河湖水面、基本农田、山体等，全省适宜建设开发空间占国土总面积比重高达36.9%，可开发的土地面积大，集聚人口和产业的能力较强，是高强度、大规模工业化和城镇化开发的优良地区。全省耕地综合质量好，利用等别八等以上的优质耕地占全省土地面积的41%以上，但优质耕地分布与快速发展的城镇化地区高度重合，保护与发展的矛盾较为突出。

2. 水资源量相对丰沛，但水质性缺水问题逐渐突出

江苏省地处长江、淮河两大流域下游，境内河湖众多，水网密布，河湖水域面积占全省国土总面积的16.9%。全省多年平均水资源总量为321.6亿 m^3，过境水资源量丰沛。全省水资源承载总体呈安全态势，但区域差异显著，部分地区水污染导致的水质性缺水问题严重，人均水资源量和耕地亩均占有水资源量均不足500m^3，远低于全国平均水平。河湖资源的开发和利用还存在过度、粗放和不协调等问题，水资源总量控制目标下的承载能力将受到一定程度的限制。

3. 环境容量总体好转，但局部地区环境负荷较大

全省大气环境和水环境质量不断改善，废水、废气和主要污染物排放逐步降低，清洁土壤面积在83%以上。近海海域海水质量总体提高，符合或优于《海水水质标准》二类标准的比例达75.1%。大部分地区节能减排取得显著成效，但是局部地区土壤重金属污染和有机污染物超标问题仍然存在，经济相对落后地区承接产业转移带来的环境负荷问题凸显。

4. 生态系统总体保持稳定，但生态空间受到挤占

河湖水体、滨海湿地和丘岗山体为骨架的生态安全格局总体保持稳定。城乡统筹和区域一体化发展，带动了建设用地的增长，对生态用地保护的压力持续存在，耕地、园地、林地、草地、水域五大类生态用地不断被挤占，景观破碎化加剧。

5. 滩涂围垦开发成效显著，但利用效率有待提高

江苏省大陆海岸线长约 954km，沿海地区独特的动力地貌孕育了大量的沿海滩涂，滩涂开发历史悠久。中华人民共和国成立以来，围垦滩涂 33.50 万 hm²，已形成各类农用地总面积 12.71 万 hm²，建设用地面积 10.26 万 hm²。沿海滩涂开发多为传统的种植业和养殖业，开发层次不高，利用方向单一，资源综合利用效率不高。围垦造成的近海生态环境问题日益突出，对滩涂资源的持续利用和滩涂经济的持续发展带来了直接影响。

4.1.2　国土空间开发限制性分析

1. 自然环境限制因子分析

江苏省自然条件良好，资源环境等各自然要素的制约相对较小。其中，坡度大于 25°区，滑坡、泥石流高易发区，地面沉降严重区，活动断层严重影响区，矿山占用塌陷固体废弃区，岩溶塌陷高易发区，地质遗迹核心区等自然环境强限制因子比重分别仅为 0.27%、0.22%、0.03%、1.69%、0.07%、2.05% 和 0.69%，不考虑图斑的重叠性，累计比重仅为 5% 左右。

1）坡度

江苏省地形以平原为主，低山丘陵集中分布于省西南部，坡度 0°～2° 的面积为 733.98 万 hm²，占比 68.85%；2°～8° 面积为 275.73 万 hm²，占比 25.86%；8°～15° 面积为 11.63 万 hm²，占比 1.09%；15°～25° 面积为 7.89 万 hm²，占比 0.74%；25° 以上面积为 2.92 万 hm²，占比 0.27%。其中坡度 25° 以上区对建设开发的限制性较强，主要为南京、无锡、连云港、镇江等市面积和占比相对较多，坡度因子对于江苏省国土空间适宜性评价整体影响不大。

2）滑坡、泥石流

江苏省滑坡、泥石流高易发区面积为 2.37 万 hm²，仅占全省总面积的 0.22%；低易发区和中易发区面积分别为 5.34 万 hm² 和 2.80 万 hm²，分别仅占全省总面积的 0.50%、0.26%；其他 99% 以上的地区都属于滑坡、泥石流不易发区。从空间分布上看，滑坡、泥石流易发区主要在南京、无锡、徐州、连云港和镇江等地零星分布，对江苏省国土空间开发适宜性并不构成限制。

3）地面沉降

江苏省地面严重沉降区面积为 0.28 万 hm²，占全省总面积的 0.03%，较严重沉降区面积为 4.00 万 hm²，占比 0.43%，且均位于徐州境内，主要位于徐州西北的丰县和沛县。一般沉降区面积为 46.27 万 hm²，占比 4.32%，苏州、徐州、南京均有一定分布；轻微沉降或稳定区面积 973.22 万 hm²，占比 90.87%，在各市均广泛分布；非沉降区面积 48.40 万 hm²，占比 4.52%，主要为盐城、南通及江苏沿海岛屿等滨海地区。可见，地面沉降区分布相对集中，对徐州国土空间开发具有较强的限制性，而对于江苏省其他地区而言，限制性相对较弱，不对国土空间开发造成重要的影响和制约。

4）活动断层

江苏省活动断层主要呈东北-西南、南-北向条带状分布，位于徐州—宿迁交界地带，苏南地区活动断层广泛交错分布，面积较大，占比较高。活动断层严重影响区面积为 18.01 万 hm²，占全省总面积的 2%，其中，盐城、南通、宿迁活动断层严重影响区面积多，均超过 2.00 万 hm²，而南京、南通、宿迁所占比重较高，均超过 2%；较严重影响区面积为 182.76 万 hm²，占全省总面积为 17%，宿迁、徐州、苏州面积较高，而宿迁、南京、常州占比较高，均超过 25%；轻微影响区面积为 134.57 万 hm²，占比 13%；稳定区面积为 717.38 万 hm²，占比 67%。总体来说，活动断层对江苏省建设开发的限制性也较小。

5）矿山占用

江苏省矿山占用中的塌陷、固体废弃地面积为 0.78 万 hm²，占全省总面积的 0.07%，主要分布于徐州境内，有 0.76 万 hm²，其余零星分布于南京、无锡、连云港、扬州境内。采场面积为 1.07 万 hm²，占全省总面积 0.10%，主要分布于南京、无锡、徐州、常州、连云港、扬州，面积均超过 0.10 万 hm²，占比接近或超过 0.2%。中转用地、矿山建筑面积为 1.05 万 hm²，占比 0.1%；非占用地面积为 1063.13 万 hm²，占比高达 99.73%。

6）岩溶塌陷

江苏省岩溶塌陷高易发区面积为 21.83 万 hm²，占比 2.05%，主要分布于徐州境内，面积为 10.61 万 hm²，其余分布于镇江、淮安等地，面积相对较小。中易发区面积为 102.88 万 hm²，占比 9.65%，主要分布于徐州、南京、镇江、常州等地。不易发区和低易发区面积分别为 317.97 万 hm²、623.60 万 hm²，占比分别为 29.83%、58.50%，总占比高达 88.33%。因此，岩溶塌陷区同地面沉降等一样，针对某特定区域有较强的限制性，而对其他地区限制性较小，甚至没有限制性。

7）地质遗迹

江苏省地质遗迹空间分布呈现大分散、小集聚的分布态势，主要分布于苏北的徐州、连云港、盐城，以及苏南的南京、无锡、常州、苏州等地。以地质遗迹点为中心，分别做 2km×2km、4km×4km、6km×6km 的缓冲区，并定义 2km×2km 的为强限制性因子，4km×4km 和 6km×6km 为较强限制性因子，并统计缓冲区内覆盖面积和所占比重。缓冲区 2km×2km，面积为 7.40 万 hm²，占比 0.69%，南京（面积 2.85 万 hm²，占比 4.32%）、徐州（面积 1.28 万 hm²，占比 1.15%）、镇江（面积 1.11 万 hm²，占比 2.89%）面积位居前三，同时，比重也位居前三。缓冲区 4km×4km，面积为 18.80 万 hm²，占比 1.76%。缓冲区 6km×6km，面积为 23.83 万 hm²，占比 2.23%。其他区域面积 1009.53 万 hm²，占比 94.70%。地质遗迹对于国土空间开发适宜性的影响主要集中于地质遗迹周边一定范围内的区域，而对于缓冲区之外的区域则不具有限制作用。

2. 空间保护限制因子分析

建设开发的限制性主要来自优质耕地、湿地和禁止建设区，其比重分别为 26.27%、41.30% 和 5.12%，不考虑图斑的重叠性，累计比重达到 72.69%。

1）优质耕地

江苏省耕地自然质量分为 5 等、6 等、7 等三个等别，其中 6 等地面积最多，超过全省的三分之二，其次为 7 等地，5 等地面积最少，仅占全省面积的 3.44%。按全国优、高、中、低的耕地等别划分标准（1 等最好，15 等最差，1～4 等为优等地，5～8 等为高等地，9～12 为中等地，13～15 为低等地），从自然质量等别来看，江苏省耕地全部属于高等别耕地。

2）湿地

本书所指湿地主要包括沟渠、内陆滩涂、水库水面、沼泽地、沿海滩涂、湖泊水面、河流水面等。江苏省湿地面积 280.07 万 hm^2，约占省域面积的 26.27%，是江苏省主要土地覆被类型和重要生态系统，同时也是江苏省国土空间开发的主要限制性因子。从空间分布上看，湿地主要分布于以太湖、洪泽湖、高邮湖、骆马湖等为代表的湖泊及周边区域，沿长江、淮河等为代表的大河流域，以及沿海的滩涂地区等。从数量上看，面积位于前三的依次是盐城（44.66 万 hm^2）＞苏州（38.17 万 hm^2）＞南通（31.90 万 hm^2）；除江苏省岛屿外（湿地面积 100%），比重位于前三的依次是苏州（44.09%）＞南通（30.24%）＞扬州（30.02%）。

3）禁止建设区

江苏省禁止建设区面积为 54.62 万 hm^2，约占国土总面积的 5.12%。从空间分布上看，禁止建设区空间分布差异明显，不同城市间面积和比重差异较大，特别是县级行政单元，禁止建设区的面积和占比差异进一步扩大。从数量上看，盐城市（27.13 万 hm^2）、徐州市（10.71 万 hm^2）存在相对较大面积的禁止建设区，占比分别为 16.02% 和 9.61%，其余地市面积和比重相对较少。

3. 国土空间开发综合限制性分析

在单因子分析的基础上，进行综合限制性分析，也就是将限制性因子根据其严重程度分为强限制性因子和较强限制性因子。强限制性因子包括湿地，优质耕地，规划管制区，坡度大于 25° 区，滑坡、泥石流高易发区，地面沉降严重区，矿山占用塌陷固体废弃区，岩溶塌陷高易发区，地质遗迹缓冲区（2km×2km）；较强限制性因子包括园林地，坡度 8°～15° 区，滑坡、泥石流中易发区和低易发区，地面沉降较严重区，活动断层严重影响区，矿山占用中的采场，地质遗迹缓冲区（4km×4km 和 6km×6km）。

综合限制性评价结果表明（表 4-1）：江苏省强限制性区域为 695.15 万 hm^2，占土地总面积的 64.8%，弱限制性因子面积为 103.73 万 hm^2，占土地总面积的 9.7%。其中，强限制性区域中几乎都是优质耕地、湿地和规划管制区。也就是说，假如不考虑生态保护、耕地保护以及规划管控等政策性要素，江苏省国土空间开发受自然要素的限制性较小，国土开发空间适宜性较强。

表 4-1　江苏省综合限制性因子面积及比重

行政区	土地总面积/万 hm²	强限制性		弱限制性	
		面积/万 hm²	比重/%	面积/万 hm²	比重/%
江苏省	1072.17	695.15	64.8	103.73	9.7
南京市	65.87	39.49	60.0	23.82	36.2
无锡市	46.27	26.30	56.8	8.88	19.2
徐州市	117.65	71.99	61.2	7.21	6.1
常州市	43.72	26.68	61.0	7.60	17.4
苏州市	86.57	54.88	63.4	6.76	7.8
南通市	105.49	78.55	74.5	3.59	3.4
连云港市	76.15	55.13	72.4	9.65	12.7
淮安市	100.30	68.47	68.3	8.99	9.0
盐城市	169.31	77.33	45.7	5.69	3.4
扬州市	65.91	49.51	75.1	4.39	6.7
镇江市	38.40	25.24	65.7	8.76	22.8
泰州市	57.87	43.95	75.9	1.17	2.0
宿迁市	85.24	64.21	75.3	7.21	8.5
江苏岛屿	13.40	13.40	100.00	0	0.00

　　具体到各个设区市来看，强限制性面积超过 70%的主要有 5 个设区市，为南通市、连云港市、扬州市、泰州市和宿迁市；其次是南京市、徐州市、常州市、苏州市、淮安市和镇江市 6 个城市强限制面积比重介于 60%～70%；无锡市和盐城市则低于 60%。

4.1.3　江苏省人口和经济发展预测

1. 人口预测

　　利用 1990～2016 年江苏省年末常住人口数（图 4-1），运用趋势外推法进行预测，建立的人口增长回归方程如下：

$$y = -0.3492x^2 + 60.116x + 6710.4$$
$$R^2 = 0.9936$$

　　预测得到的方程与历史数据拟合度较高，且所得回归方程为一条开口向下的抛物线，意味着人口增长存在峰值，与人口增长的历史规律一致，可以基本判断上述方程可用于预测江苏省未来人口变化趋势。根据这一方程预测江苏省人口数 2020 年为 8238.41 万人，2030 年为 8588.15 万人。

　　根据《江苏省城镇体系规划（2015—2030 年）》目标值，江苏省 2020 年常住人口达到 8500 万人，2030 年将达到 9000 万人（以下称为规划目标情景）。与人口变化趋势值相比，两者结果有一定差距，趋势预测值明显低于城镇体系规划的规划值。

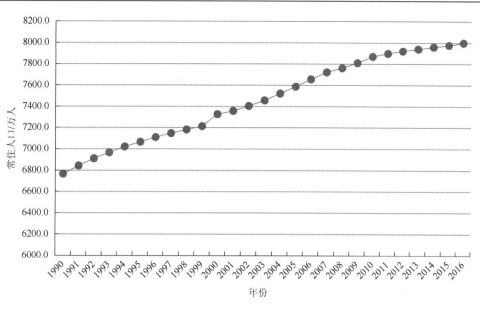

图 4-1　江苏省常住人口变化图

近年来，江苏省人口增长呈现出减缓的趋势，尤其是进入"十二五"之后，年末常住人口的年增长量下降至 30 万人以下。相较之下，"八五"到"十一五"期间，各个阶段常住人口的增长量都达到了 250 万人，而"十二五"期间仅增长了 106.96 万人，不足过去水平的一半（表 4-2）。根据中国社会科学院人口与劳动经济研究所的相关研究，2025年中国将会达到人口峰值 14.13 亿[①]。可以推断，江苏省也很有可能正在逐渐逼近人口峰值，因此人口增长趋势不断减缓。

表 4-2　各历史时期江苏常住人口增量　　　　　（单位：万人）

时期	"八五"	"九五"	"十五"	"十一五"	"十二五"
增量	299.12	261.22	261.00	281.10	106.96

资料来源：《江苏统计年鉴》

从进入"十二五"以来的增速看，2011 年江苏省常住人口较"十一五"末期增长了 0.37%，2012～2015 年年均增速维持在 0.25%左右，波动幅度较小。随着人口峰值的趋近，这一增长率出现大幅提升的可能性较小，考虑可能出现的增速波动，此处以 0.25%作为未来 15 年江苏省人口增长的平均速度，测算得江苏省 2020 年人口值为 8076.50 万人，2035 年为 8384.73 万人。

结合上述规划目标及预测结果，2020 年江苏省人口总量应为 8076.50 万～8500 万人，2030 年人口总量为 8280.70 万～9000 万人。从整体趋势来看，趋近峰值的人口预测结果较为符合人口近年变化的整体趋势。至 2035 年，江苏省人口将达到峰值，其人口总量为 8384.73 万人，与趋近峰值情景下的预测人口规模十分接近（表 4-3）。

---

① 专家：中国人口将于 2025 年达 14.13 亿峰值. http://politics.people.com.cn/n/2015/1007/c70731-27668436.html。

表 4-3　不同情景下人口预测值　　　　　　　（单位：万人）

情景	规划目标情景	历史趋势情景	趋近峰值情景
2020 年	8500	8238.41	8076.50
2025 年	—	8422.01	8177.97
2030 年	9000	8588.15	8280.70
2035 年	—	8736.83	8384.73

2. 经济增长预测

以 1990～2016 年江苏省 GDP 总值为基础构建回归方程：

$$y = 157.94x^2 - 1651.9x + 6646.5$$
$$R^2 = 0.9907$$

模型的拟合度较高，可以用于进行预测，预测得到 2020 年、2030 年江苏省 GDP 规模为 10.72 万亿元、20.44 万亿元（图 4-2）。

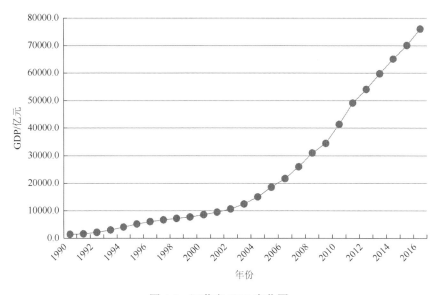

图 4-2　江苏省 GDP 变化图

从近几年江苏省 GDP 的变化趋势来看，经济发展进入"新常态"的特征明显，经济发展开始由高速发展转入中高速发展。经济发展受到来自国内外形势、中央政策等多方面因素的影响，处于长期波动的状态，因此本书中取 1%作为经济发展的波动值，假设江苏省到 2035 年，经济增速的区间值为 7%～9%，分别核算增速最低和增速最高以及预计增速状况下江苏省 2020 年、2030 年和 2035 年的经济规模（表 4-4）。根据江苏省国民经济发展"十三五"规划设定 7.5%的经济发展预计增速，预测规划目标下的经济规模。

表 4-4　不同情境下江苏省未来经济规模预测值　　（单位：万亿元）

情景	现状趋势	最低保证增速（7%）	预计增速（8%）	力求实现增速（9%）	规划目标增速（7.5%）
2020 年	10.72	9.83	10.30	10.79	10.07
2025 年	15.19	13.79	15.14	16.60	14.45
2030 年	20.44	19.35	22.24	25.54	20.75
2035 年	26.49	27.13	32.68	39.30	29.78

4.1.4　基于资源环境承载的江苏省用地规模分析

基于资源环境可承载的用地规模，在不同的粮食安全水平、不同的经济承载水平约束下，耕地保有量、建设用地规模和生态用地规模不同（表 4-5）。

表 4-5　不同时期江苏省资源环境可承载的用地空间测算

地类	资源环境		2020 年		2035 年	
			面积/万 hm²	开发强度/%	面积/万 hm²	开发强度/%
耕地保有量	粮食安全	粮食安全系数为 0.925	规划目标情景 475.47	—	—	—
			历史趋势情景 462.74	—	507.15	—
			趋近峰值情景 454.86	—	490.57	—
		粮食安全系数为 0.85	规划目标情景 436.92	—	—	—
			历史趋势情景 425.22	—	466.03	—
			趋近峰值情景 417.98	—	450.79	—
建设用地规模	不同经济承载情景下的建设用地规模	GDP 总值趋势	现状趋势 231.70	21.61	245.42	22.89
			最低保证增速 228.70	21.33	246.38	22.98
			预计增速 230.30	21.48	254.00	23.69
			力求实现增速 231.91	21.63	261.82	24.42
			规划目标增速 229.55	21.41	250.14	23.33
生态用地规模	规划目标情景		378.59	—	—	—
	历史趋势情景		390.29	—	308.87	—
	趋近峰值情景		397.53	—	324.11	—
	生态红线		241.04		241.04	

注：相关数据引自《江苏省国土规划（2016—2035 年）》（征求意见稿）

1. 耕地保有量

江苏省作为经济大省，经济社会发展对土地需求不断增大，耕地保护面临巨大压力。2020 年，在不考虑耕地污染情况下，江苏省在全面小康生活水平下，口粮基本能实现自给。考虑到生活水平提升带来的对口粮需求的增长，江苏省依旧存在口粮供给不足的潜在问题。2020 年、2035 年在保障粮食安全系数为 0.925 的情景下，江苏省耕地保有量分别为 454.86 万～475.47 万 hm²、490.57 万～507.15 万 hm²；在保障粮食安全系数为 0.85 的情景下，各预测年江苏省耕地保有面积则分别为 417.98 万～436.92 万 hm²、450.79 万～466.03 万 hm²。现行土地利用总体规划中，国家下达江苏省 2020 年耕地保有量为 456.87 万 hm²，处于安全系数 0.925 的范围中；国土规划中确定 2035 年耕地保有量为 456.33 万 hm²，处于安全系数 0.85 的范围中。

2. 建设用地规模

建设用地规模方面，不同经济速度所需建设用地规模不同。按经济发展趋势，江苏省 2020 年建设用地规模为 228.70 万～231.91 万 hm²，开发强度为 21.33%～21.63%；2035 年建设用地规模为 245.42 万～261.82 万 hm²，开发强度为 22.89%～24.42%。

在现行土地利用总体规划中，国家下达江苏省 2020 年建设用地总规模为 236.13 万 hm²，土地开发强度 22%；国土规划中确定江苏省 2035 年土地开发强度上限为 23.5%。对江苏省未来土地开发强度的承载空间做如下划分：土地开发强度小于 22% 为适宜开发空间；土地开发强度界于 22%～24% 为临界超载空间；土地开发强度大于 24% 为超载空间。从 GDP 现状增长趋势来看，江苏省 2020 年、2035 年土地开发强度分别达到 21.61%、22.89%，即江苏省 2020 年用地强度处于承载适宜空间，2035 年位于临界超载空间；而从 GDP 力求实现增速情景来看，未来土地开发强度分别为 21.63%、24.42%，即到 2035 年呈现略微超载状态。总体而言，在现状 GDP 增长态势下，预期未来江苏省的用地承载状况较好，资源环境承载水平尚能满足用地强度的增长。

3. 生态用地规模

随着经济社会发展和建设占用不断增加，生态用地将不断减少。根据测算值，并考虑最低耕地保有量、最大建设用地规模对生态用地的影响，得出 2020 年江苏省生态用地面积为 378.59 万～397.53 万 hm²，2035 年江苏省生态用地面积为 308.87 万～324.11 万 hm²。

4.2　江苏省土地总量调控策略与路径

4.2.1　完善空间规划体系

习近平总书记指出，"规划科学是最大的效益，规划失误是最大的浪费，规划折腾是最大的忌讳"。科学合理的规划是实施土地总量调控的基础，在现有空间规划体系基础之上，探索"多规合一"，理顺规划之间的职责定位，逐步消除多规之间的矛盾冲突，编制国土空间规划，对农业空间、城镇空间和生态空间进行引导。探索形成统一衔接、功能互补、相互协调的空间规划体系，强化国土空间规划对各专项规划的指导约束作用，统一规划目标、管控方向和标准规范，统一各类空间布局，实现土地利用规划、城乡规划等有机融合，形成"一个市县一本规划，一张蓝图"。

4.2.2　严格耕地和生态保护红线

严防死守耕地红线，推进耕地数量、质量与生态"三位一体"管护。严格建设占用耕地审批，非农建设尽量不占或少占耕地，避免占用优质耕地，严肃查处非法占用耕地行为。合理引导种植业内部结构调整，农业结构调整要向增加耕地的方向发展。强化耕地数量和质量的占补平衡，全面实施耕作层剥离再利用制度。建立耕地保护补偿激励机制，探索逐步建立耕地保护基金制度。扩大轮作休耕试点，健全耕地森林河流湖泊休养生息制度。

严守生态保护红线，统筹土地利用与生态建设。要牢固树立中国特色社会主义生态文明观，坚持节约资源和保护环境的基本国策，像对待生命一样对待生态环境，统筹山水林田湖草系统治理。严格执行生态红线区域保护，从根本上预防和控制各种不合理的开发建设活动对生态功能的破坏。实施重要生态系统保护和修复重大工程，优化生态安全屏障体系，构建生态廊道和生物多样性保护网络，提升生态系统质量和稳定性。严格保护基础性生态用地，将生态保护红线一级管控区划入禁止建设区，禁止与其主导功能不相符的各项建设。正确处理土地开发与生态保护的关系，避免过度开发。加快实施生态恢复与修复，全面提升生态红线区的管控和保护水平。

4.2.3　实施建设用地总量控制

建设用地快速外延扩张是江苏省耕地和生态用地保护面临巨大压力的主要原因，实施国土开发总量和强度双控，关键是合理控制土地开发强度，对建设用地总量进行调控。

强化区域合理土地开发强度的抓手功能，尽快扭转建设用地快速扩张态势，倒逼经济转型升级。一是以区域合理土地开发强度为抓手，探索建立增量存量统筹、国有集体兼顾、刚性与弹性并济的不同区域建设用地总量调控制度；二是细化各设区市土地开发强度调查，并结合合理土地开发强度，重新调整各设区市新增建设用地供应计划，优化建设用地指标分配机制，从根本上扭转建设用地过快增长的局面；三是以省委省政府狠抓经济转型为契机，开展各类产业用地绩效调查，并结合产能利用情况，制定针对不同产业的用地供应计划，严格限制产能过剩行业的用地供应。

实施最严格的节约集约用地制度，发挥土地开发强度与单位 GDP 建设用地下降率"双控"作用，建立低效用地退出机制。一是发挥区域合理土地开发强度与单位 GDP 建设用地下降率双重控制效应，不仅对开发强度高、耗地率高的地区，而且对开发强度低、耗地率高和开发强度高、耗地率低的地区加强建设用地调控管理，并运用土地利用计划指标分配加以调控；二是强化土地开发强度的空间、规模、结构全内涵管理，积极引导低效用地退出机制；三是加强城乡建设用地综合整治，尤其是更加注重对城镇低效用地整治，进一步优化城乡建设用地格局。

加强市场化配置资源的作用，形成区域合理土地开发强度的市场促进机制。一是鼓励合理土地开发强度内的新增建设用地指标在各设区市之间的流转配置,提高新增建设用地配置效率;二是建立省级建设用地空间市场化配置制度,形成基于不同设区市发展水平差异和合理土地开发强度差异的区域土地发展权基准价格体系,利用所得收益建立合理土地开发强度调控基金,用于统筹区域、城乡、行业建设用地配置;三是以土地发展权市场平衡不同区域的用地需求,即通过土地发展权的转让区和受让区,促进苏南现代化建设示范区和江苏省沿海地区发展国家战略对接,促进苏南、苏中、苏北的对接,全面提升不同战略区经济社会生态全面协调可持续发展的用地需求保障能力。

强化区域合理土地开发强度管制,形成多规协同的三条"红线"管控机制。一是依托《江苏省土地利用总体规划》,以合理土地开发强度为基础,积极对接《江苏省生态红线区域保护规划》《江苏省城镇体系规划》等相关规划,实现"多规"协同,严格建设用地规模、布局、时序、效益管理;二是强化国土开发空间管制,形成"永久基本农田保护红线""生态保护红线""城市开发边界"相衔接的"三线"管制机制;三是将合理土地开发强度实施纳入生态补偿体系,通过建立土地发展权基金,对合理土地开发强度低于全省平均水平的地区给予生态补偿,推进区域均衡发展。

完善区域合理土地开发强度考核与评估制度,引导国土开发空间优化布局。一是在现有研究成果的基础上,进一步完善江苏省合理土地开发度测算;二是制定江苏省合理土地开发强度测算技术规范,以便指导各设区市开展对所辖区、市、县的合理土地开发强度测算;三是制定、形成区域合理土地开发强度考核与评估制度,强化合理土地开发强度的调控意识。

4.2.4 强化土地利用规划和计划管理

1. 加强规划实施管理

严格实施土地利用总体规划。各级人民政府及有关部门审批各类规划和批准、核准各类项目,必须符合土地利用总体规划。发挥土地利用总体规划底盘和管控作用,推进"多规合一"和"三线"划定,强化国土空间用途管制。土地利用总体规划一经批准,就具有法定效力,必须严格执行,自批准之日起三年内未经省人民政府同意不得修改,切实维护规划的严肃性和可操作性。

强化土地利用总体规划统筹管控作用。严格执行《江苏省土地利用总体规划管理办法》,按照"控制总量、优化增量、盘活存量、用好流量、提升质量"的总体要求,依据资源环境承载能力评价、经济社会发展特征与需求,合理设定并层层落实建设用地总量管控目标,有效控制各地土地开发强度,强化规划硬约束。

严格规划动态监管。强化建设用地空间管制,通过建设项目用地预审、建设用地审批、执法检查和全天候卫星遥感监测等手段,确保规划规范有序实施。严格审核各类新城新区规划,严格审核涉及土地利用的各类改革试点方案,严格审核基本农田规划调整。各级人民政府及有关部门审批各类规划和批准、核准各类项目,必须符合土地利用总体规划。

2. 完善土地利用计划管理

合理安排新增建设用地指标。依据土地利用总体规划制定土地利用年度计划，综合考虑地区经济发展阶段、资源承载能力、规划空间、存量建设用地盘活等因素，差别化配置新增建设用地指标。新增建设用地优先用于重大基础设施、先进制造业、战略性新兴产业、现代服务业项目。严禁向产能过剩行业供地，严防盲目建设和低水平重复建设，严防过度超前项目用地，将投资强度、容积率等主要用地控制指标作为重要预审内容，控制建设用地总量。严格控制特大城市、大城市用地规模，合理安排中小城市用地，严格核定各类城镇新增用地、开发区（园区）用地等，有效管控新城新区、开发区（园区）等无序扩张。

完善计划分配方式和管理机制。加强计划与规划的衔接，实行按年考核调整。改进计划分配下达办法，探索将计划指标分配与区域环境容量、土地开发强度、产业结构优化、耕地保护责任目标履行等相挂钩的制度。建立"以项目定计划、以空间定计划、以占补定计划"的年度建设用地计划管理新机制，探索计划执行核销制，切实发挥计划的调节作用，促进规划目标落实。

引导新增土地资源精准配置。新增建设用地优先用于"一带一路"、长江经济带、长三角区域发展一体化等国家战略和新型城镇化建设，保障省以上重点交通、水利、能源基础设施用地和先进制造业、战略性新兴产业、现代服务业用地，强力推进"一中心一基地"（产业科技创新中心和国际先进制造业基地）建设。

专栏 4-1　江苏省土地利用计划管理创新

2014 年以来，江苏省先后出台了《江苏省国土资源厅关于改进土地利用计划分配管理的意见》和《江苏省国土资源厅支持和保障重大产业项目用地计划暂行办法》，以节约用地、依法用地、保护耕地为出发点，以转变职能、简政放权为契机，按照管住总量、严控增量、盘活存量、分类管理的思路，改进完善计划分配指标体系，加强计划总量、结构和布局调控，增强计划管控力度，提升节地水平和产出效益。

统分结合，分级保障。 调整增加下达市县的土地利用计划，将 2/3 左右的计划分解下达由各设区市和县（市）自主管理，其余 1/3 左右的计划由省统一管理。下达市县的计划与 4 项调控目标相挂钩：经济发展调控目标、土地利用总体规划实施目标、土地节约集约利用目标、耕地保护目标。省级统一管理的省留计划主要用于省重大产业项目，省级单独选址项目和考核奖励，实施对省优先发展产业的支持，对省重大交通、能源、水利、环保等基础设施用地的保障，以及作为激励措施的抓手。

统筹安排，差别配置。 按照不同地区产业发展阶段、发展目标和定位的差别，统筹安排增量、流量计划。苏南在适度降低新增建设用地计划的基础上侧重流量计划使用，苏北地区持续加大增量计划的倾斜力度，苏中地区保持基本稳定。以土地计划控制引导优化苏南区域转移占地多、能耗高的加工业和劳动密集型产业；引导苏中区域加强产业配套能力建设；引导苏北区域发展特色产业，避免走以消耗资源环境为代价来发展的老路。同时，建立存量用地盘活利用与新增建设用地计划指标统筹安排的制度，逐步提高存量建设用地在土地供应中的比重。

精准配置，聚焦重点。 重点保障省重大基础设施项目，实现用地计划进一步向省级重点项目的聚焦和倾斜。重点保障省政府确定的重大产业项目，实现用地计划向先进制造业、现代服务业等优先发展产业，以及旅游、环保、物流、电子商务等新业态聚焦和倾斜。重点保障扶贫脱困、重大民生项目用地，实现用地计划向扶贫地区和保障性安居工程聚焦和倾斜。此外，还建立了用地计划预下达制度，在国家下达用地计划前，预下达部分用地计划用于保障急需开工的重点项目。

跟踪问效，奖惩并举。 实行年度土地利用计划的全程管理，已建成省市县三级计划指标监管平台，用网络化、数字化、信息化手段，实时掌握各类计划指标的使用执行情况，随时监管各地的计划台账，确保各类用地控制在计划范围内。对被省评为土地节约集约模范的先进地区，给予计划指标奖励，调动基层政府节约集约利用资源的积极性。同时，对国土资源信访工作重点管理县、土地违法重点整改县，采取暂停办理土地征收转用审批、暂停重大产业项目支持、收回计划调剂使用等措施，促其整改。

4.3 江苏省土地总量调控制度创新

4.3.1 建立健全"责任 + 激励""行政 + 市场"的耕地保护机制

严格保护耕地和永久基本农田。实行永久基本农田特殊保护，一般建设项目不得占用；重大建设项目确实无法避让的必须严格论证，按照法定程序报国家批准；对擅自占用的行为要严肃处理，追究相关责任。城乡建设确需要占用耕地，尽可能避让高等级耕地。

改进占补平衡管理。按照《国土资源部关于改进管理方式切实落实耕地占补平衡的通知》的要求，进一步改进占补平衡管理，转变补充耕地方式，扩大补充耕地来源途径和资金渠道，实行耕地数量、粮食产能、水田面积三类指标分类管理，采取指标核销方式落实耕地占补平衡，规范开展省内易地补充耕地。大力推行建设占用耕地的耕作层土壤剥离与利用，改良新造耕地土壤条件。强化补充耕地项目管理，完善项目立项、设计、实施、验收等一系列规章制度，核心是高标准设计和高质量建设。建立补充耕地后期管护制度，协商财政部门从制度层面落实后期管护补助资金和工程维护经费等；协商农业部门开展项目后期的地力培肥、用地养地、指导农业生产等，同时防止耕地撂荒。

完善国土资源执法监管工作机制。建立健全违法违规形势分析、预警机制，对违法违规重点区域和苗头性、倾向性的违法违规问题，及时进行预警，切实将违法违规行为消除在萌芽状态。充分运用第二次全国土地调查土地利用的"一张图"成果和省"批、供、用、补、查"监管平台，对补充耕地的位置、范围、地类等进行核实，实现日常监管。

完善耕地保护的约束激励机制。将耕地质量等级和产能变化情况纳入每年对各级政府耕地保护责任目标考核中，建立耕地质量保护奖惩制度。在耕地保护与建设相关税费的制定与分配中，将耕地质量等级作为测算依据之一，使相关税费的制定和分配更加科学、合理。

4.3.2　构建生态文明建设的制度体系

建立生态红线保护数据库。加快建立江苏省生态红线保护数据库，实现生态保护从逻辑层面到物理层面的无缝对接。生态红线保护数据库包括空间数据库和属性数据库。空间数据库包括《江苏省生态红线区域保护规划》中所划定的生态红线区域类型的地理位置、面积等空间信息。属性数据库包括生态红线区域类型的基本属性信息，包括红线区域名称、主导生态功能、红线区域范围。同时加强数据库平台建设，使其成为具有时效性的动态数据库和开放式的数据库，并定期向社会发布数据库的相关信息。

建立健全生态补偿机制。进行生态资源产权界定，使其明晰化和规范化，尝试将生态资源纳入国民经济核算体系，从而解决"谁补偿谁"的问题。完善对生态资源价值的评估方法，从而使得生态补偿的额度有明确的依据，常用的方法有效果评价法、收益损失法、旅行费用法等。建立生态补偿基金，政府征收生态补偿费和生态补偿税，并积极探索进入市场机制解决生态补偿资金来源的问题。

完善生态红线保护信息反馈机制。完善生态红线制度，需要不断完善生态红线保护的信息反馈机制。积极举办"生态日""地球日"等活动，强化正面宣传，主动引导舆论，提高人们关注生态保护的意识；同时开通生态红线保护政务微博，加强网络信息发布，拓宽公众参与的渠道。探索市场化机制和激励制度，提高公众参与积极性，使生态红线制度真正发挥作用。

改革生态环境监管体制。按照国家的统一部署，加强对生态文明建设的总体设计和组织领导，设立国有自然资源资产管理和自然生态监管机构，完善生态环境管理制度，统一行使自然资源资产管理、国土空间用途管制和生态保护修复职责，各类污染排放监管和行政执法职责。构建国土空间开发保护制度，完善主体功能区配套政策，建立以国家公园为主体的自然保护地体系。坚决制止和惩处破坏生态环境的行为。

4.3.3　完善建设用地总量与强度"双控"制度体系

建立低效用地退出机制。实施最严格的节约集约用地制度，发挥土地开发强度与单位GDP建设用地下降率"双控"作用，建立低效用地退出机制。发挥区域合理土地开发强度与单位GDP建设用地下降率双重控制效应，不仅对开发强度高、耗地率高的地区，而且对开发强度低、耗地率高和开发强度高、耗地率低的地区加强建设用地调控管理，对土地开发深度和广度比不足1的地区，减少用地计划指标分配。强化土地开发强度的空间、规模、结构全内涵管理，将土地开发强度管理纳入土地节约集约利用示范方案，积极引导低效用地退出机制。加强城乡建设用地综合整治，尤其是更加注重对城镇低效用地的整治，进一步优化城乡建设用地格局。

形成多规协同的"红线"管控机制。依据省级土地利用总体规划,以合理土地开发强度为基础,积极对接《江苏省生态红线区域保护规划》《江苏生态省建设规划纲要》和《江苏省城镇体系规划(2015—2030年)》等相关规划,实现"多规"协同,严格建设用地规模、布局、时序、效益管理。强化国土开发空间管制,形成"基本农田保护控制线""生态控制线""城市发展边界"相衔接的三条红线管制机制。将合理土地开发强度实施纳入生态补偿体系,通过建立土地发展权基金,对合理土地开发强度低于全省平均水平的地区给予生态补偿,以推进区域均衡发展。

完善区域合理土地开发强度考核与评估制度。完善区域合理土地开发强度考核与评估制度,引导国土开发空间优化布局。在现有研究成果的基础上,进一步完善江苏省合理土地开发强度测算。制定江苏省合理土地开发强度测算技术规范,以便指导各设区市开展对所辖区、市、县的合理土地开发强度测算;制定、形成区域合理土地开发强度考核与评估制度,强化合理土地开发强度的调控意识。

第5章 区域调控：土地差别化管控

由于自然、历史和地理等多种原因，区域发展不均衡是江苏省较为显著的省情特征。江苏省委省政府历来高度重视区域发展工作，立足不同时期不同阶段，有针对性地提出差异化的引导方向、战略举措和国土空间格局。面对供给侧结构性改革的新形势和新要求，妥善解决区域发展不平衡不充分，需要通过制定和实行差别化的土地调控政策，促进区域经济社会持续和协调发展。

5.1 江苏省区域发展总体格局

5.1.1 江苏省区域发展格局演化特征

区域发展战略内涵持续深化（表 5-1）。20 世纪 80 年代，江苏省就以长江为界，做出了积极提高苏南，加快发展苏北的战略部署。"九五"计划首次将区域共同发展纳入全省经济社会发展重大战略体系。"十五"计划又明确提出苏南、苏中、苏北三大板块概念，并重点部署加快苏北发展等系列战略举措，体现了更为鲜明和精准的分类发展导向。"十二五"规划将区域共同发展战略深化为区域协调发展战略，提升深化区域发展的本质内涵。"十三五"规划延续了大的思路和方向，明确苏南突出创新引领、转型升级，苏中突出融合发展、特色发展，苏北突出四化联动、开放带动，继续巩固和提升区域比较优势。

表 5-1 江苏省区域空间格局演化脉络表

时段	发展战略	空间格局	空间载体
"八五" （1991～1995 年）	积极提高苏南，加快发展苏北	建设"海上苏东"	中小城市
"九五" （1996～2000 年）	区域共同发展战略	推动沿海、淮海两大经济区域发展	大中城市
"十五" （2001～2005 年）	区域共同发展战略，划分苏南、苏中、苏北板块	构建沿沪宁、沿江、沿海、沿东陇海"四沿"生产力布局	大中城市
"十一五" （2006～2010 年）	区域共同发展战略，继续推进苏南、苏中、苏北发展	构建沿沪宁、沿江、沿海、沿东陇海"四沿"生产力布局	大中城市
"十二五" （2011～2015 年）	区域协调发展战略，持续推进苏南、苏中、苏北发展	在"四沿"生产力布局基础上，发展沿运河城镇轴	中心城市、城市群
"十三五" （2016 年以来）	"1+3"重点功能区战略，建设扬子江城市群、沿海经济带、江淮生态经济区、徐州淮海经济区中心城市		城市群

生产力布局优化带动区域发展效应明显。20 世纪 90 年代，江苏省委省政府吹响了建设"海上苏东"的号角，"九五"计划又拓展为推动沿海、淮海两大经济区域发展。2000 年以来，结合区域发展新特点，适时提出沿沪宁、沿江、沿海、沿东陇海"四沿"生产力布局框架。2014 年公布的《江苏省新型城镇化和城乡发展一体化规划》提出构建沿江城市群、沿海城镇轴、沿东陇海城镇轴、沿运河城镇轴为支撑的"一群三轴"战略架构。"十三五"规划在继续深化建设沿沪宁线、沿江、沿海、沿东陇海线经济带的同时，积极谋划沿运河地区、沿宁杭地区发展，旨在形成更加有序的生产力布局。当前，省委省政府正全面实施"1+3"重点功能区战略。

产业转型与空间结构调整互动并进。20 世纪 80 年代，以苏南为代表的广大农村地区，掀起了村办和镇办企业蓬勃发展的热潮，迅速带动小城镇发展繁荣，全省形成"小城镇，大发展"的格局。20 世纪 90 年代初到 2000 年左右，江苏省抢抓浦东开发开放的历史机遇，依托乡镇经济的前期积累，产业发展由内资转向外资，位于城市郊区的各种形式的开发区和乡镇企业集聚区应运而生，推动中小城市向大中城市的扩容发展，成为区域经济发展的重要支撑。进入新世纪以来，适应发展阶段特征和经济趋势规律，全省产业加快从传统工业经济向创新经济、服务经济演进，同时伴随交通基础设施的连接完善，以中心城市为主导的城市群逐步成为区域竞争合作的主要形态，是知识创造、生产要素和信息传输的重要枢纽节点。可见，江苏省国土空间格局的演化是与各阶段的区域协调发展政策休戚相关的，都是为了更好支撑区域战略的实现。

5.1.2　江苏省广域协同发展

积极参与"一带一路"建设。江苏省是"一带一路"战略交汇点，要全面参与国家"一带一路"建设，积极打造与沿线地区合作的贸易流、产业带、联通网和人文圈。江苏省充分发挥产业、科技、人力资源优势，在互惠共赢基础上，积极参与跨地区的国土资源国际合作开发。在"一带一路"沿线地区从事农业资源开发、矿产资源开采，拓展能源领域的合作，形成稳定的境外矿产品供应基地。加强与中西部地区开发园区及物流、商贸信息平台建设合作，加快建设覆盖中西部主要城市的物流服务网点，打造一批"一带一路"建设样板工程。要促进节点城市向区域融合，进一步发挥连云港作为新欧亚大陆桥经济走廊东方起点的先行先导作用，强化徐州作为新欧亚大陆桥经济走廊重要枢纽和淮海经济区中心城市的作用，推动连云港、徐州向区域融合，提升区域发展水平。

推动长江经济带发展。按照"共抓大保护、不搞大开发"战略定位，江苏省走生态优先、绿色发展之路，推动长江经济带发展，形成上中下游优势互补、协作互动格局，缩小东中西部发展差距，推动经济要素有序自由流动、资源高效配置、市场统一融合，促进区域经济协同发展，建设陆海双向对外开放新走廊，培育国际经济合作竞争新优势，促进经济提质增效升级。以长江黄金水道为依托，发挥长江主轴线的辐射带动作用，向腹地延伸拓展，解决区域发展不平衡、产业转型升级任务艰巨、区域合作机制不健全等问题。

加快推进长江三角洲城市群一体化。江苏省是长江三角洲城市群的重要组成部分，在长江三角洲城市群一体化发展中具有重要作用。江苏省积极服务和支持上海在长江三角洲城市群发挥龙头带动的核心作用和区域中心城市的辐射带动作用，依托交通运输网络培育形成多级多类发展轴线，推动构建"一核五圈四带"（南京都市圈、杭州都市圈、合肥都市圈、苏锡常都市圈、宁波都市圈的都市圈同城化发展，强化沿海发展带、沿江发展带、沪宁合杭甬发展带、沪杭金发展带）的网络化空间格局，推动聚合发展，促进长江三角洲城市群建设。

5.1.3　江苏省"1+3"重点功能区战略

2017 年，江苏省委省政府为了在更高层次统筹区域发展，重构区域格局，打破传统梯度转移理论下的区域划分，以新的发展布局带动江苏省发展优势的重塑，实现经济社会发展的深刻转变，提出了江苏省"1+3"重点功能区战略（图 5-1）。在"1+3"重点功能区中，"1"

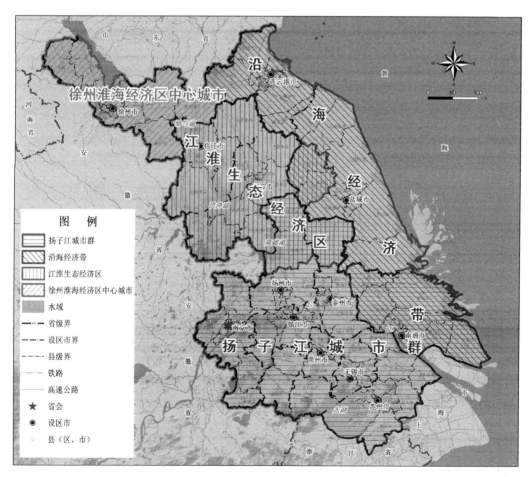

图 5-1　江苏省"1+3"重点功能区（引自《江苏省国土规划（2016—2035 年）（征求意见稿）》）

指的是扬子江城市群，包括沿江八市（南京、无锡、常州、苏州、南通、扬州、镇江和泰州），作为全省经济发展的主要发动机；"3"是指江淮生态经济区、沿海经济带和徐州淮海经济区中心城市。江淮生态经济区包括淮安、宿迁两个设区市全域以及里下河地区的高邮、宝应、兴化、建湖、阜宁等县（市），重在展现生态价值、生态优势和生态竞争力。沿海经济区由沿海三市（南通、盐城和连云港）组成，是江苏省最大的潜在增长极。此外，未来要把徐州建设成为淮海经济区的中心城市，拓展江苏省发展的纵深。

十九大报告中指出，我国经济已由高速增长阶段转向高质量发展阶段，正处在转变发展方式、优化经济结构、转换增长动力的攻关期。在这一阶段，江苏省发展理念、思路、方法都要进行创新，简单沿袭过去的路子走不通，更不可能走得好。区域布局是一个地方发展理念和思路的集中反映，也是发展内涵和水平的直观体现。江苏省提出并实施"1+3"重点功能区战略，目的是要实现"三个转变"：一是实现发展思路、路径的转变。就是跳出传统的梯度划分，根据各地不同的基础条件、资源禀赋，明确各自的功能定位，确定不同的路径选择，按照这样的思路，每个地区都是探索者，都可以成为引路者。二是由行政区经济向功能区经济的转变。按行政区划来配置资源，好处是能够充分调动各地的主观能动性，但客观上会形成壁垒。推动向功能区经济转变，则是要打破这种壁垒，发挥"1＋1＞2"的效应。三是从同质竞争向协同发展转变。改变过去那种相互之间抢项目、争资源的状况，让承担不同功能的区域做自己最适合、最擅长的事，做最能彰显自身特色和优势的事，在全省范围内形成一个开放融合、协同发展的大生态系统。

5.1.4 江苏省重点功能区发展定位

1. 扬子江城市群

扬子江城市群为江苏省经济"发动机"，江苏省高端产业发展的"金色名片"，侧重在集群发展、融合发展。在江苏省层面，扬子江城市群是全省经济的"发动机"和增长极，将苏南与苏中进一步融合起来，通过转型升级，加快集聚高端要素，嵌入全球高端价值链，形成高端发展的新经济板块，支撑江苏省，带动其他区域发展。在国家层面，扬子江城市群是长江三角洲城市群北翼核心区和长江经济带绿色发展示范区，从产业发展、创新驱动、城市建设等各方面注重内涵发展，提升整体竞争力，强化与外部区域的整体交流，共同建设长三角世界级城市群，同时在绿色发展、转型发展、集约发展上下更大功夫，建成长江经济带示范性的绿色城市群。在国际层面，扬子江城市群是竞争力强、影响力大的重要开放门户和标志性区域，优化法治化、国际化、便利化营商环境，推动生产要素有序流动、资源高效配置、市场深度融合，在更高层次上参与国际竞争和合作。

2. 江淮生态经济区

江淮生态经济区为江苏省永续发展的"绿心地带"，江苏省的生态大公园。生态资源是本区最大的优势，要将生态优势转化为发展优势，重在打造生态竞争力，走绿色发展为本的道路，避免过去的同质竞争。江淮生态经济区的重点是从单纯的生态保护拓展到生态经济发展，从具体的治理保护行动拓展到制度、政策、机制创新，通过优化空间布局、强化治理保护、推进产业转型、构建绿色城镇体系，探索保护与发展协同并进的路径，从而走出一条生态优先绿色发展的新路子。

3. 沿海经济带

沿海经济带为江苏省向海洋发展的"蓝色板块"，江苏省潜在增长极。沿海经济带包括南通、盐城和连云港三市，该区域要积极谋划和推进现代海洋经济发展，挖掘内涵，创新思路，找准切入点，彰显沿海经济带建设的特色优势，进一步加强对发展现代海洋经济的研究谋划，深度挖掘现代海洋经济的内涵，处理好岸上和海里的关系，传统产业和新兴产业的关系，制造业和服务业的关系，海和长江、内陆的关系。

4. 徐州淮海经济区中心城市

徐州淮海经济区中心城市为淮海经济区的"CBD"，"一带一路"的东端龙头。徐州地处苏、鲁、豫、皖四省交界处，地缘特殊、地位重要、使命重大。在全省发展大局中，徐州要成为苏北振兴的强引擎、全面小康的领头羊；在国家战略布局中，徐州要成为"一带一路"的重要战略节点。

5.2 江苏省区域调控目标

5.2.1 扬子江城市群

以城市群为主体形态，促进沿江城市南北畅通、跨江联动发展，加快形成集聚协同效应，建成具有国际竞争力和影响力的世界级城市群，打造成为我国基本实现社会主义现代化的先行区。按照东部地区率先优化发展的总体要求，严控土地开发强度"天花板"，着力推动国土集聚开发，引导人口经济集中布局，发挥在长江三角洲城市群中的区域中心辐射带动作用，依托长江黄金水道和沪宁城际高速铁路、宁通高速公路、盐泰锡常宜城际铁路、通苏嘉城际铁路等交通干线，打造国土集聚开发轴带，促进生产要素有序流动和高效集聚。制定建设用地"近期增量减量化、远期总量减量化"的目标，按照"先江南、后江北"的实施步骤，推动增量支撑型供地模式向存量挖掘和减量调控型供地模式转换，促进节地水平和产出效益"双提升"，探索一条环境资源紧约束下的精明发展之路。

5.2.2 江淮生态经济区

以生态为前提和底色，做足生态文章，彰显生态优势，更好地优化发展路径和模式。坚持人与自然和谐共生，以生态经济化和产业绿色化为主攻方向，探索低开发密度、低资源消耗、高资源效率、高环境质量的新发展路径，推动经济发展方式和空间开发模式的同步转型，促进自然资源资产和经济物质财富的双丰收，成为我国生态经济创新发展先行区。合理增加城镇和基础设施新增建设用地，大力整治低效闲置农村建设用地，推进江淮生态经济区建设用地减量化。强化空间用途管制，促进工业化开发向中心城市和县城区等重点城镇空间集聚，适度扩大生态空间和农业空间，形成紧凑开敞空间格局，有针对性地实施国土保护、维护和修复，提升生态系统质量和稳定性，为全省打造一片永续绿色空间，成为全省生态安全保障的"绿心"。

5.2.3　沿海经济带

深入实施沿海开发国家战略，统筹推进陆海空间开发、近海与远海利用，增强海洋开发能力，发展壮大现代海洋经济，大规模承接国内外先进制造业和高端产业转移，打造全省经济增量发展的重要空间载体，培育其成为我国东部地区新的经济增长极。适度增加新增建设用地，盘活低效闲置农村建设用地；合理利用低效废弃盐田，加大盐碱地改造，发展盐土农业。发挥空间潜力优势，加快构建以区域中心城市为支撑、以沿海综合交通通道为纽带、以深水大港和滨海城镇为节点的"三极一带多节点"开发格局，依托海岸带、海岛和各类保护区构建海洋生态安全格局，推动形成陆海开发保护一体的总体布局，夯实现代海洋经济发展的空间基础。

5.2.4　徐州淮海经济区中心城市

充分发挥其贯通南北、承东启西的区位优势，加强综合交通枢纽体系建设，深入推进老工业基地振兴和资源枯竭城市转型，始终高度重视发展壮大实体经济，大力提升产业发展层次和质量，提升城市发展首位度和辐射带动能力，打造四省交界的门户城市。合理安排新增建设用地，推进矿地统筹发展，实施工矿废弃地复垦利用；更大范围统筹城乡土地资源，以城乡建设用地增减挂钩为平台，实施精准扶贫。统筹城乡空间布局，构建以中心城区为核心、陇海和徐济发展轴为"两主轴"、贾睢和新沂发展轴为"两次轴"的市域开发格局，构建以环微山湖、环骆马湖和黄河故道沿线地区为主体的农业和生态保护格局，促进国土开发和经济建设、城乡建设、环境建设相协调，全面支撑徐州淮海经济区中心城市建设。

专栏 5-1　江苏省矿地统筹战略

地质矿产和土地管理作为国土资源领域两个互为需求、密切关联的主要组成部分，目前仍存在相关工作部署统筹衔接不畅、相互服务支撑不够、信息共享机制不健全等问题，在一定程度上制约了国土资源系统整体优势的发挥，难以适应新形势下经济社会发展对国土资源工作的新要求，迫切需要不断深化改革创新，促进地质矿产和土地资源在调查评价、规划、管理、保护、利用、监测以及成果信息服务等方面实现全方位协同一体化发展（简称"矿地融合"）。

2017 年 6 月，江苏省在全国首家出台了《江苏省国土资源厅关于创新矿地融合工作的意见》，着力推动地质矿产和土地资源实现全方位协同一体化发展。2017 年，徐州城市地质调查成果移交地方政府，宿迁、泰州、南通城市地质调查加快推进，常州、连云港城市地质调查启动，地质调查成果在用地布局优化、土地开发利用、城市规划建设等方面提供了科学精准的基础服务。耕地生态地质环境监测等工作有序开展。推进山水林田湖生态保护和修复，促进矿山恢复治理、土地整治、工矿废弃地复垦利用有机结合。全面实施矿山企业矿山地质环境保护与治理恢复方案和土地复垦方案合并编报制度。完成矿山地质环境详查工作，编制完成全省地质灾害防治规划和地质环境监测规划，矿山地质环境恢复和综合治理面积 529.81 万 m^2。

5.3　江苏省区域差别化调控路径与策略

5.3.1　扬子江城市群土地调控

扬子江城市群是带动全省经济社会发展、具有较强竞争力的区域，区内人口和经济密度大。区域土地利用有如下特点：土地开发利用程度高，建设用地比例偏大，自然状态下的土地资源消耗过快；土地资源利用空间布局不合理，结构有待优化，工业用地比重较大，土地资源开发利用效益有待进一步提高；人多地少，土地资源稀缺程度高，土地后备资源不足。该区的土地宏观调控方向是以土地利用方式转型促进优化开发、区域经济发展方式转变和产业结构升级。

鼓励和支持开发集聚区在国土开发保护、基础设施建设、市场体系构建等重点领域开展合作，促进产业承接转移，实现要素跨区域自由流动和优化组合，全面提升合作层次和水平。严格控制建设用地总量、增量，盘活存量，优化建设用地结构和布局。以需求引导和供给调节合理确定新增建设用地规模，强化土地利用总体规划和年度计划对新增建设用地规模、结构和时序安排的调控以控制新增建设用地规模特别是调控建设占用耕地规模控制建设用地的低效扩张。调整建设用地空间布局和结构。按照优先布置生态网络，发挥农业和生态用地的间隔和穿插功能，通过配置新增建设用地和鼓励盘活、调整存量建设用地，按规划、有目的、有步骤地优化原有用地空间布局，奠定协调、良好的生产、生活、生态空间基础，建设宜居的美好家园。控制生产用地、保障生活用地、提高生态用地比例，促进城镇和谐发展。严格限定各类经济技术开发区内非生产性建设用地的比例，提升开发区用地效率和效益。合理调整城镇用地供应结构，优先保障廉租住房、经济适用住房及普通住宅建设用地。合理拓展建设用地新空间。加强规划统筹和政策引导，积极引导城乡建设向地上、地下发展，优先使用未利用地。大力盘活存量建设用地。按照"严控总量、盘活存量、减少增量、稳定流量"的原则，结合布局优化和抑制低效扩张，大力盘活存量建设用地，实施建设用地二次开发，提高存量建设用地效益，增加建设用地"流量"。

探索片区土地利用计划管理模式。在省级土地利用"计划池"制度的基础上，建立扬子江城市群新增建设占用农用地"计划池"，依项目申请使用指标，实现新增建设用地计划统筹使用、统一管理。构建项目储备库管理平台，对新增建设用地计划实行项目化管理，使用新增建设用地计划指标项目需纳入项目储备库，建立项目快速分类系统、同构项目识别系统、产业用地类型登记和用地规模识别系统，促进扬子江城市群产业结构调整优化和错位协同发展。

强化土地生态环境保护的约束，以生产和生态双重要求加强耕地保护。以太湖、长江水体以及宁镇丘陵、宜溧丘陵为主体，统筹区域生态资源，根据生态功能区的级别，实行差别化的保护措施，确保区域生态系统稳定。保留城市间开敞的绿色空间，保护好水系、林网、自然文化遗产等用地，促进区域生态环境改善。发挥耕地的多重功能，为现代农业、城郊农业、观光农业提供坚实基础，更为生态环境保护提供主体空间。

5.3.2　江淮生态经济区土地调控

江淮生态经济区地处苏北中南部区域，南连南京、扬州、镇江、常州等组成的扬子江城市群先发地区，北接淮海经济区与东陇海城市群，向东可以连接沿海发展带，属于典型的苏北腹地和发展节点型区域。江淮生态经济区是江苏省经济和城镇化发展洼地，也是生态资源最集中的区域。该区域内拥有多个经济薄弱县与贫困县如泗洪、泗阳、宝应等，也拥有洪泽湖、骆马湖、高邮湖、白马湖等大型水体，以及淮河、京杭大运河等生态源地。该区域土地宏观调控方向是优先保护耕地和生态用地，以绿色发展为主题，通过智慧经济、绿色经济、红色经济、农业经济、旅游经济、现代服务业等为主要特色打造新型生态经济区，强化洪泽湖、高邮湖等淮河流域的生态保护，精准助力苏北地区实现绿色崛起。

严格保护耕地和重要生态功能区。江淮生态经济区拥有大面积优质耕地，也是江苏省生态农田、旅游观光农业的优势区域，要积极做好永久基本农田的划定和管理，大力推进高标准农田建设，推进耕地数量、质量、生态"三位一体"保护。加强洪泽湖、骆马湖、高邮湖等湖泊生态环境治理，以及淮河流域环境治理。根据生态功能区的级别，落实差别化的保护措施，确保区域生态系统稳定。

合理配置新增建设用地，促进产业升级。保障区域发展必要的建设用地需求，新增用地重点保障重点工程、重要的发展区域，优先配置鼓励发展的产业，优化建设用地结构，在满足区域发展基本用地需求的情况下，保障交通、水利、能源等基础设施项目和民生项目用地的需求，支持自主创新与高新技术产业和现代服务业用地需求，有效推动区域经济发展方式的转变。

强化江淮生态经济区现代农业与生态经济发展，制定与之相配套的土地利用管理制度与指标调控交易政策，消除市场壁垒，促进生产要素跨区域自由流动。建立健全生态保护补偿、资源开发补偿等区际利益平衡机制，协调衔接区域产业结构调整、生产力布局重组、循环经济发展、国土整治和生态文明建设一体化进程。进一步加强区域发展规划对接，推动重大国家战略和改革联动，构建适应资源环境承载能力的空间格局。

5.3.3　沿海经济带土地调控政策

沿海经济带开发条件较好，开发需求旺盛，战略地位重要，是我国沿海、沿江、沿陇海线生产力布局主轴线的交汇区域，也是实施江苏省沿海开发战略的重要区域，是未来支撑江苏省经济增长的重要增长极。该区域土地利用主要特点为：一是农业空间规模大，农村居民点傍水逐路、布局散乱，农村生产生活空间集约利用水平较低，空间格局有待进一步优化；城镇空间整体规模较小，布局分散，通达性较差，中心城市辐射能力弱，中小城市数量和空间分布不尽合理，资源优势未转化为产业优势，产业发展同构，港口布局缺乏统筹，资源浪费与重复建设现象严重；生态环境优越，入海河道分布广，河网密集，海岸潮间带和潮下带面积大，拥有国际重要湿地，但生态廊道连通度不高，生态节点和廊道形成的生态网络空间格局有待进一步完善。采取的土地差别化调控政策主要包括以下几个方面。

土地利用规划指标与计划指标适度向该区域倾斜。通过规划、计划等手段，适当增加建设用地规模和新增建设用地指标，扩大建设用地供给，有效保障城镇建设、人口集聚和经济发展、基础设施建设等用地需求，促进支柱产业的培育和经济总量的提升，进一步提高人口和经济集聚能力。适度增加城镇建设用地，合理安排中心城市的建设用地，提高城市综合承载能力，促进城市人口和经济集聚效益的发挥，提高中心城市的辐射能力。合理安排基础设施建设用地，促进公路、铁路、航运等交通网的完善，改善区域生产生活条件。统筹发展临海、临港产业用地需求，拓展蓝色海洋经济。

加大耕地、生态用地的建设性保护力度。沿海经济带是江苏省的耕地后备资源基地，要在保护生态环境的前提下，按照土地利用规划安排，实施土地整治工程，推进耕地后备资源开发。对已围的滩涂资源，要提高利用效率，促进养殖水面和未利用地向耕地转化。严格保护生态用地，实施海岸带综合治理修复，将海岸带生态系统类型比较丰富的地区，以及湿地、林地、草地等统筹纳入重大工程，对集中连片、破碎化严重、功能退化的生态系统进行修复和综合整治，通过土地整治、植被恢复、河湖水系连通、岸线环境整治、野生动物栖息地恢复等手段，逐步恢复生态系统功能。

5.3.4　徐州淮海经济区中心城市土地调控政策

淮海经济区由苏鲁豫皖四省接壤地区的 20 个市组成，核心区包括宿迁、连云港、宿州、商丘、济宁、枣庄、徐州和淮北。徐州是江苏省重点规划建设的三大都市圈（徐州都市圈）核心城市，也是新亚欧大陆桥中国段五大中心城市之一。徐州土地利用特点为：土地垦殖率高，高于江苏省平均水平近 10 个百分点，但随着非农建设占用耕地增加，土地整理复垦开发难度与成本上升，农业与工业、城镇之间的用地竞争不断加剧；农村建设用地存量多、布局散，采煤塌陷地面积大，土地集约利用程度较低；煤炭、化工等资源型产业用地总量大，水资源相对不足，局部地区生态环境脆弱，生态问题较突出。立足于徐州淮海经济区中心城市的发展定位，区域的土地宏观调控主要包括以下几个方面。

编制实施淮海经济区国土空间规划，统筹区域城镇、农业和生态空间，合理定位徐州与淮海经济区各城市之间的关系，促进区域一体化发展。按照建设淮海经济区中心城市的要求，适度增加新增建设用地，建设区域经济、商贸物流、金融服务、科教文化"四个中心"，切实发挥引领、辐射、集散作用，提升徐州中心城市地位。以土地供给引导产业升级，突出创新驱动，扩大产业规模，提升产业质态，夯实中心城市建设的经济基础；大力盘活城镇低效建设用地，挖掘城镇地上、地下用地空间潜力，提升城市承载力。推进低效建设用地复垦利用，加快徐州老工业基地振兴和资源枯竭城市转型步伐。保障国家综合交通枢纽建设用地，促进更大范围的"要素流"在徐州集聚重组、辐射扩散，从而带动整个区域经济发展。

严格保护耕地资源，加强生态修复治理。严格控制非农建设占用耕地，积极开展高标准农田建设，开展黄河故道流域土地综合整治，促进城乡用地空间整合。加大城乡建设用地增减挂钩扶持力度，支持省重点帮扶县、扶贫开发重点片区节余指标在省域范围内流转使用，黄河故道流域节余指标在市域范围内流转使用，探索建设用地指标有偿调剂。大力实施土地生态整治，按照矿地统筹发展的理念，因地制宜，开展以采煤塌陷地为重点的生态环境修复和治理。

专栏5-2　徐州采煤塌陷地整治

　　作为以煤炭资源为主的资源型城市，徐州煤田赋存面积达 1400km²，境内煤矿企业年开采煤炭近 2500 万 t，为华东地区乃至全国经济发展做出了重要贡献。煤炭资源的持续高强度开采，也造成大面积土地被压占、损毁，或者塌陷。徐州因煤炭开采造成破坏的土地达 40 余万亩，给塌陷区生态环境修复、群众生产生活、经济社会发展带来了巨大影响。近年来，徐州致力于采煤塌陷地的治理和利用，改善了矿区生产生活条件和生态环境，促进了城乡统筹发展，取得了明显成效。潘安湖湿地公园位于徐州贾汪区潘安采煤塌陷区，是全市最大、塌陷最严重、面积最集中的采煤塌陷区，面积 1.74 万亩，区内积水面积 3600 亩，平均深度 4m 以上，长期以来该区域坑塘遍布、荒草丛生、生态环境恶劣，又因村庄塌陷，造成当地农民无法耕种、无法居住，绝大部分地区变成无人居住区，形成了严重的历史包袱（图 5-2（a））。2010 年，徐州开发建设潘安湖湿地公园，改善和修复当地生态环境，有效拓展徐州生态空间，促进城市转型，提升贾汪区生态环境，使采煤塌陷地变"废"为"宝"，变"包袱"为"资源"（图 5-2（b））。2017 年 12 月，习近平总书记考察了徐州贾汪区潘安采煤塌陷区整治工程并指出，"资源枯竭地区经济转型发展是一篇大文章，实践证明这篇文章完全可以做好，关键是要贯彻新发展理念，坚定不移走生产发展、生活富裕、生态良好的文明发展道路。对采煤塌陷区整治的有益经验，要注意总结推广。"

(a) 整治前　　　　　　　　　　　　　　(b) 整治后

图 5-2　潘安湖地区整治前后对比图

第6章 结构调控：从失衡到协调

系统论认为，结构与功能具有统一性，结构决定功能，是功能的基础和前提，功能是结构的能力表现，又反作用于结构。供给侧结构性改革中，要发挥土地参与宏观调控的功能，就必须合理调控土地利用结构。土地利用结构优化是土地宏观调控的重要目标，其中建设用地利用结构优化是土地利用结构优化的核心内容。本章重点从城乡建设用地结构、产业用地结构方面分析江苏省土地利用结构现状，阐明土地宏观调控中的土地宏观结构、城乡建设用地结构、城镇用地结构、产业用地结构调控目标，探讨江苏省土地利用结构优化调控的策略路径与机制创新。

6.1 江苏省土地利用结构分析

6.1.1 2009～2016 年土地利用结构变化①

根据江苏省 2016 年度土地利用变更成果，全省土地总面积 1072.18 万 hm²。其中，农用地 649.78 万 hm²，占土地总面积的 60.6%，与 2009 年相比，减少 12.32 万 hm²，年均减少 1.76 万 hm²。建设用地 229.32 万 hm²，占土地总面积的 21.4%，与 2009 年相比，增加 18.28 万 hm²，年均增加 2.61 万 hm²。未利用地 193.08 万 hm²,占土地总面积的 18.0%，与 2009 年相比，减少 5.95 万 hm²，年均减少 0.85 万 hm²。

在农用地中，除草地外，各类用地均处于净减少。其中其他农用地减少量最大，2016 年，全省其他农用地面积 136.14 万 hm²，比 2009 年减少 5.31 万 hm²，年均减少 0.76 万 hm²。其次是耕地，2016 年全省耕地面积 458.02 万 hm²，比 2009 年减少 4.15 万 hm²。2009～2016 年全省园地减少 2.16 万 hm²，林地减少 0.71 万 hm²，草地增加 63hm²。

2009～2016 年，除采矿用地和水利设施用地，全省其他各类建设用地规模均净增加，其中城市用地净增 4.07 万 hm²，建制镇用地净增 8.42 万 hm²，村庄用地净增 2.51 万 hm²，风景名胜及特殊用地净增 332hm²，交通运输用地净增 4.02 万 hm²；而采矿用地和水利设施用地分别减小 0.57 万 hm² 和 0.21 万 hm²。

6.1.2 城乡建设用地结构分析

2016 年，全省城乡建设用地面积 186.87 万 hm²，占建设用地总面积的 81.5%，占土地总面积的 17.4%，与 2009 年相比，城乡建设用地面积净增 14.43 万 hm²，占同期建设用

① 由于不同时期土地分类系统和调查精度有差异，在一定程度上会影响结构变化分析，本书为统一标准，以 2009 年第二次土地调查及连续变更成果来分析江苏省的土地利用结构变化。

地净增量的 79.0%。城乡建设用地中，城市用地 28.86 万 hm², 建制镇用地 40.93 万 hm²，村庄用地 105.36 万 hm²，采矿用地 11.72 万 hm²，分别占城乡建设用地面积的 15.4%、21.9%、56.4% 和 6.3%。2009～2016 年，全省城乡建设用地面积年均增长率为 1.15%，年度增长率呈波浪式下降趋势，增长最快的是建制镇用地，其次分别为城市用地和村庄用地，采矿用地则存在下降趋势（图 6-1）。

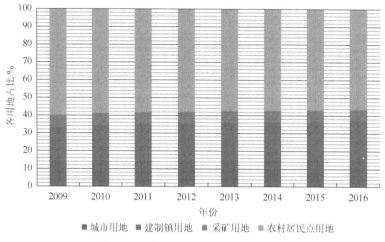

图 6-1　江苏省城乡建设用地结构变化

总体看来，江苏省城乡建设用地结构存在的问题主要为城镇用地规模偏小，而含农村居民点用地在内的村庄用地规模偏大，加之农村居民点分布散乱，导致城乡建设用地的利用集约程度偏低。

6.1.3　城镇用地结构分析

1. 城镇用地结构现状及变化

根据江苏省城镇土地利用现状数据调查成果，2016 年，全省城镇土地（即城市用地与建制镇用地的总和）中，商服用地面积为 3.93 万 hm²，占比为 5.6%；工矿仓储用地面积为 28.05 万 hm²，占比为 40.2%；住宅用地面积为 21.64 万 hm²，占比为 31.0%；公共管理与公共服务用地面积为 7.79 万 hm²，占比为 11.2%；特殊用地面积为 0.48 万 hm²，占比为 0.7%；交通运输用地面积为 5.25 万 hm²，占比为 7.5%；水域及水利设施面积为 1.29 万 hm²，占比为 1.8%；其他土地面积为 1.35 万 hm²，占比为 1.9%。

与 2009 年相比，全省城镇用地总面积增加 12.49 万 hm²，增幅为 21.8%，除水域及水利设施用地和其他土地这两类土地的面积有所减少外，其他地类均有不同程度的增加。其中，工矿仓储用地绝对值增加最大，净增量为 7.14 万 hm²；商服用地增幅最大，增幅为 59.8%，净增量为 1.47 万 hm²；二级分类中的工业用地和城镇住宅用地面积净增量最大，分别为 6.8 万 hm² 和 3.98 万 hm²，占城镇用地总面积净增量的 54.4% 和 31.9%；而街巷用地、河流水面、空闲地由于填塘垦造、土地开发等原因呈下降趋势，净减量分别为 0.11 万 hm²、0.16 万 hm² 和 1.2 万 hm²。

从分市来看，2009~2016 年各市的商服用地、工业用地、城镇住宅用地均呈上升趋势；大部分城市的仓储用地、机关团体用地、医卫慈善用地、文体娱乐用地、公共设施用地等地类面积为净增加；农村住宅用地、科教用地、公园与绿地、风景名胜设施用地、宗教用地、街巷用地、水工建筑用地、设施农用地等地类面积出现上升和下降的城市基本持平；而大部分城市的河流水面、内陆滩涂、沟渠、空闲地等用地面积呈下降趋势。

2. 城镇用地结构有效性分析

数据包络分析（data envelopment analysis，DEA）是美国著名运筹学家 Charnes 等（1978）提出的一种效率评价方法，DEA 以相对效率概念为基础，根据多指标输入和多指标输出，对同类型的部门或单位进行相对有效性或效益评价，广泛地应用于土地利用结构效率、产业结构效率等分析中。目前常用的 DEA 模型包括 C^2R 和 BC^2 两种，前者假设规模报酬不变，测度综合效率；后者假设规模报酬可变，将综合效率进一步分解为纯技术效率和规模效率，考虑到城市发展过程中的实际情况，BC^2 模型更为适用。

根据 2007 年颁布的《土地利用现状分类》国家标准，城镇用地包括商服用地、工矿仓储用地等 8 类，本章将这 8 类用地作为研究城镇用地利用结构有效性的投入指标，同时考虑到城镇土地利用影响到经济、社会等方面，将第二产业产值、第三产业产值、城镇人口作为产出指标，运用 Win4DEAP 软件，分析 2009 年和 2016 年江苏省 13 个设区市城镇用地利用结构有效性，如表 6-1 所示。

表 6-1　江苏省各市城镇用地 DEA 分析结果

城市	2009 年				2016 年			
	综合效率	纯技术效率	规模效率	规模收益	综合效率	纯技术效率	规模效率	规模收益
南京市	1	1	1	不变	1	1	1	不变
无锡市	1	1	1	不变	1	1	1	不变
徐州市	1	1	1	不变	1	1	1	不变
常州市	1	1	1	不变	1	1	1	不变
苏州市	1	1	1	不变	0.975	1	0.975	递减
南通市	1	1	1	不变	1	1	1	不变
连云港市	0.977	1	0.977	递增	1	1	1	不变
淮安市	0.848	1	0.848	递增	1	1	1	不变
盐城市	1	1	1	不变	1	1	1	不变
扬州市	0.941	1	0.941	递增	1	1	1	不变
镇江市	0.948	1	0.948	递增	0.867	1	0.867	递增
泰州市	1	1	1	不变	0.937	1	0.937	递增
宿迁市	1	1	1	不变	1	1	1	不变

注：综合效率为一定时期内，在一定的技术条件和土地利用结构下，土地的实际综合产出与最大可能产出的比率；纯技术效率为在一定的技术和土地管理水平下，各用地类型是否存在浪费，是否最大化地发挥了其生产潜能；规模效率为反映各类型用地规模是否达到了土地综合产出最大化要求下的规模，结合决策单元所处的规模报酬变化阶段，可以判断城镇用地规模变化对土地综合产出的影响方向

从综合效率的角度看，2009 年南京市、无锡市等 9 个城市达到 DEA 有效，其投入和产出达到最优，且技术效率和规模效应均有效，其余 4 个城市处于非 DEA 有效状态，其中淮安市的城镇用地利用结构有效性最低，仅为 0.848。2016 年，苏州市和泰州市的城镇用地利用结构有效性有所下降，变为非 DEA 有效，连云港市、淮安市、扬州市变为 DEA 有效，镇江市的城镇用地利用结构有效性最低，低于 2009 年水平，为 0.867。从纯技术效率角度看，2009 年和 2016 年各市均达到技术效率有效，说明江苏省 13 个设区市的城镇用地利用结构基本达到最优组合。从规模效率角度看，2009 年，连云港市、淮安市、扬州市、镇江市为规模收益递增，说明这些地区增大投入的规模，会使得产出增多，以提高城镇用地结构利用有效性，其余地区为规模收益不变，已达最优组合；2016 年，苏州市的规模收益由不变状态变为递减状态，说明投入要素规模增大过多，造成了浪费，应适当缩小规模，泰州市的规模收益由不变状态变为递增状态，镇江市的规模收益保持递增状态，其余地区均为不变状态。

依据上述城镇用地利用结构效率的 DEA 分析，通过软件计算，可得相应松弛变量的取值使决策单元由非 DEA 有效转化为 DEA 有效。计算结果显示，2016 年苏州市应减少在商服用地、住宅用地、公共管理与公共服务用地等用地投入，镇江市应进一步优化住宅用地、交通运输用地等用地配置，同时加强对空闲地的开发利用，泰州市应减少在公共管理与公共服务用地、特殊用地、交通运输用地等用地上的投入。根据各设区市的投入剩余情况，可以采取优化投入要素结构的方式实现在土地产出不减少的前提下最小的要素投入，避免投入剩余产生浪费。

6.1.4　工业企业用地分析

1. 江苏省工业企业用地总体情况

根据江苏省 2017 年工业企业用地调查（基期年为 2015 年），全省工矿仓储用地规模 37.58 万 hm²，占土地总面积的 3.5%，涉及工业企业 22.3 万家，包含采矿业、制造业和电力、热力、燃气及水生产和供应业，企业平均占地 1.69hm²。13 个设区市中，工业企业用地规模排名前三位的是苏州市、盐城市和无锡市，分别为 7.54 万 hm²、5.82 万 hm² 和 4.24 万 hm²。其中，苏州市规模占全省比例超过 20%；盐城市规模占全省比例超过 15%；无锡市规模占全省比例超过 11%；南京市、徐州市、常州市、南通市工业企业用地规模均超过 2 万 hm²；宿迁市和淮安市规模相对较少，均在 1.33 万 hm² 以内。

全省城镇范围内工业及仓储用地（包括工业用地和仓储用地）规模 23.07 万 hm²，占城镇用地的 33.8%，其中城市用地范围内工业用地 6.72 万 hm²，占城市用地规模的 23.7%，尚未超过国家标准上限（30%）。但与发达国家的城市中心区工业用地比例相比，明显偏高。据统计（表 6-2），发达国家的工业用地一般不超过城市面积的 10%，例如，美国大中城市的工业用地平均比例为 8.8%，英国的一般城市工业用地比例为 7.0%，工业城市的工业用地比例也仅为 10.7%。江苏省 13 个设区市中，南京市的工业用地比例最低，为 18.1%，其余城市的比例均超过了 20%，其中苏州市、常州市和宿迁市三市的比例超过 30%。

工业及仓储用地占比偏高反映了江苏省现阶段工业经济结构中生产、制造业仍占据主要地位（图 6-2），生产性服务业发展相对于发达地区和国家来说仍相对滞后。在土地宏观调控中，应注重通过土地供应引导建设用地结构调整，逐步降低工业用地的比例，加大生产性服务业的用地供应。

表 6-2　国内外城市工业用地比例

城市	工业用地比例/%	城市	工业用地比例/%
美国大中城市	8.80	英国一般城市	7.00
美国小城市	5.70	英国工业城市	10.70
纽约	7.48	英国新城	13.90
芝加哥	6.90	大阪	15.35
东京都	2.64	横滨	7.34
中国香港	5.96	南京市	18.1
苏州市、常州市和宿迁市	≥30	江苏省其他城市	20～30

数据来源：《新型城镇化之土地制度改革路径》和工业用地调查

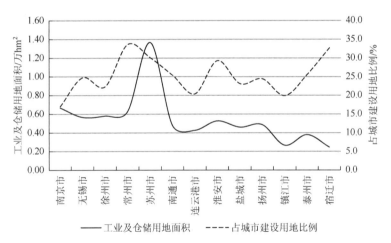

图 6-2　江苏省 13 个设区市工业及仓储用地面积和占城市建设用地比例
（数据来源于江苏省工业企业用地调查成果）

2. 工业企业用地存在的问题

工业企业用地集中程度不高。开发区是区域工业发展的集聚区，是带动区域经济发展的增长极。但是，江苏省的国家级、省级开发区范围内工业企业数量仅占全省的 15%，用地规模仅占 29%，全省工业向园区集中的成效不够显著。这种情况在扬子江城市群地区更为明显，这些地方的集体经济起步较早，乡镇企业发展速度快，大大小小的工业园散落分布，较大体量的工业企业零散分布在各乡镇，苏州市、无锡市、常州市、南通市开发区内工业企业数量占比仅在 10%左右（表 6-3）。随着城市的扩张发展，有些工业企业特别是一些传统工业，在空间上与城市用地交错分布，不仅难以形成优势产业链，还会给城市发展带来诸多问题。从长期来看，工业企业用地布局不集中，还将造成产业结构混乱，配套设施功能不完善，产业发展缺乏特色，不利于产业集聚发展。

表 6-3　工业企业在主体功能区的分布

主体功能区	分布	用地规模	产业结构	节约集约用地状况
优化开发区	南京市、无锡市、常州市、苏州市、镇江市的大部分地区及南通市、扬州市、泰州市的城区	16.88 万 hm²	共有工业企业 13.9 万家，以计算机、通信和其他电子设备制造业、电气机械和器材制造业、黑色金属冶炼和压延加工业与化学原料及化学制品制造业为支柱产业	地均开票销售收入为 3270 万元/hm²、地均税费为 153 万元/hm²、地均从业人数 40.5 人/hm²
重点开发区	徐州市、连云港市区、沿海地区、苏中沿江地区以及淮安市、宿迁市的部分地区，县城镇和部分重点中心镇	13.07 万 hm²	共有工业企业 4.9 万家，以化学原料和化学制品制造业、电气机械和器材制造业、汽车制造业、黑色金属冶炼和压延加工业与专用设备制造业为支柱产业	地均开票销售收入为 1377 万元/hm²、地均税费为 85.5 万元/hm²、地均从业人数 19.5 人/hm²
限制开发区	除优化开发区域、重点开发区域及禁止开发区域以外	6.9 万 hm²	共有工业企业 3.5 万家，通用设备制造业、金属制品业、专用设备制造业、纺织业和纺织服装、服饰业的企业分布较多且相对零散	地均开票销售收入为 1125 万元/hm²、地均税费为 3.4 万元/hm²、地均从业人数 21 人/hm²
禁止开发区	国家级和省级自然保护区、国家级和省级风景名胜区、国家级和省级森林公园、国家地质公园、饮用水源区和保护区、重要渔业水域、清水通道维护区	0.04 万 hm²	共有工业企业 242 家，主要为金属制品业、非金属矿物制品业、通用设备制造业、专用设备制造业、铁路、船舶、航空航天和其他运输设备制造业及其他制造业	地均开票销售收入为 1450.5 万元/hm²，地均税费为 42 万元/hm²，地均从业人数 16.5 人/hm²

资料来源：《江苏省主体功能区规划》和工业企业用地调查成果（2016）

工业企业用地区域布局亟待优化。产业发展布局应充分考虑生态环境保护要求，并与全省主体功能区定位相契合。但是，江苏省有 0.04 万 hm² 已建成工业企业用地位于禁止开发区域内。从产业类型看，限制开发区域和禁止开发区域中仍存在一定数量的石油、化工、纺织等对生态环境影响较大的行业，而且随着生产规模扩大，这类产业对区域资源环境、生态安全造成的风险与隐患也会加剧，需要通过产业布局优化和产业升级改造予以有效化解。

落后过剩产能需进一步压减。落后过剩产能行业的企业占地规模大、用地效益低、土地利用水平不高。全省钢铁、煤炭、水泥、电解铝和平板玻璃行业等落后过剩产能行业用地 2.86 万 hm²，其中钢铁行业用地 2.38 万 hm²。落后过剩产能行业的地均开票销售收入水平均低于全省平均水平，其中，煤炭、水泥和平板玻璃行业的地均开票销售收入水平不到 80 万元/亩，不到全省工业企业用地实际地均开票销售收入（166.3 万元/亩）的一半；而钢铁和煤炭行业企均占地却为全省平均水平的 3～4 倍。从各行业情况来看，低于行业平均产出水平的企业数量共 5541 家，涉及用地面积 2.3 万 hm²。该部分工业企业用地应作为江苏省淘汰落后产能、化解过剩产能的重点对象。

工业企业用地总体利用水平不高。全省工业企业用地的综合容积率仅为 0.63，苏北地区则普遍低于全省平均水平。《江苏省建设用地指标（2014 年版）》规定的新建、改建、扩建的制造业容积率，平均在 0.7 以上，建筑系数在 40% 以上，因此，全省工业企业用地水平还有待提升。全省工业企业用地综合容积率在 0～0.3 的有 6.53 万 hm²，占 20.7%；建筑系数在 0%～20% 的有 5.34 万 hm²，占 17.0%；容积率低于 0.3 且建筑系数不到 20% 的工业企业用地规模 5.20 万 hm²，其中有 3.80 万 hm²（占比 73%）位于城镇建设用地范围内。另外，全省 3.63 万 hm² 的盐田，地均产出水平相对较低，同时，拉低了全省土地利用效率的平均水平，亟待多渠道开展盐田专项整治和再开发。

工业企业用地集约利用水平区域差异显著。不同区域间，工业企业节地水平和产出效益都存在显著的区域差。从用地规模来看，苏南、苏中、苏北实际企均占地面积呈现"20 亩、30 亩、40 亩"规律性梯度差异的特点。同一行业在不同区域用地规模存在较大差异，如纺织业，苏南、苏中、苏北单个纺织企均占地规模分别为 13 亩、19 亩和 32 亩。从产出效益来看，苏北地区实际地均开票销售收入仅为苏南地区的 40%，全省平均水平的 50%。从土地利用强度看，苏南地区综合容积率为 0.66，建筑系数平均为 44%，而苏北地区实际综合容积率仅为 0.51，建筑系数平均仅为 38%。

工业企业用地配置效率有待提升。现行工业企业用地供应方式在土地资源市场化配置过程中逐渐暴露出一些问题。一是按照现行工业用地供应制度，工业企业在项目建设初期就需支付 50 年使用期限的工业用地使用权出让金，企业初次取得土地成本相对较高；二是土地使用期限与工业企业生命周期不吻合，容易形成土地低效利用，政府难以有效调节土地资源要素配置，不利于土地资源盘活再利用。与产业发展生命周期不匹配的工业用地供应方式难以适应当前中央供给侧结构性改革和经济转型升级的需要。

产业同构化问题较为突出。当前，区域产业同构现象依然是我国区域经济发展的突出问题。区域分工模糊导致了区域产业结构趋同严重，阻碍了区域专业化的形成[①]。全省制造业相似系数测算结果表明，项目同质化、产业同构化、建设重复化在江苏省不同程度存在，传统的苏南、苏中、苏北三大区域两两之间的制造业结构相似系数均在 70% 以上，13 个设区市中，沿江地区部分相邻城市制造业结构相似度达 90% 以上，全省开发区大多定位为综合性园区，主导产业不够明显，产业同质化现象比较普遍（表 6-4）。从全省范围来说，反映了全省经济战略梯度转移过程中所形成的经济发达地区和相对欠发达地区产业转换时，出现的产业趋同。苏北地区部分城市尚处在工业化初期阶段，地域趋同是这一工业化阶段的产物，为了避免因不恰当的企业竞争和重复建设导致的区域竞争力减弱，避免产能过剩现象从传统产业向新兴产业蔓延，亟须通过土地制度改革，特别是土地供应制度改革，从土地资源供给侧进行资源的优化配置。

表 6-4　各设区市制造业情况统计表

行政区	开票销售收入前五位行业	从业人数前五位行业
南京市	汽车、化学、计算机、石油、电气	计算机、纺织、化学、通用、电气
无锡市	电气、通用、化学、计算机、黑色	纺织、通用、计算机、专用、电气
徐州市	专用、黑色、通用、烟草、化学	木材、专用、纺织、非金属、化学

① 资料来源：《中国区域经济发展报告（2015～2016）》。

行政区	开票销售收入前五位行业	从业人数前五位行业
常州市	黑色、化学、通用、计算机、其他	黑色、通用、化学、汽车、计算机
苏州市	计算机、黑色、电气、通用、化学	计算机、纺织、电气、通用、金属
南通市	纺织、化学、电气、专用、计算机	纺织、专用、通用、纺织服装、电气
连云港市	医药、化学、农副、黑色、石油	化学、医药、非金属、黑色、通用
淮安市	农副、其他、化学、电气、计算机	计算机、纺织服装、电气、专用、纺织
盐城市	汽车、化学、纺织、通用、黑色	纺织、通用、化学、汽车、专用
扬州市	汽车、电气、化学、计算机、通用	电气、通用、汽车、化学、计算机
镇江市	化学、电气、有色、汽车、通用	电气、其他、计算机、金属、通用
泰州市	电气、化学、通用、农副、金属	通用、电气、金属、专用、计算机
宿迁市	纺织、木材、农副、电气、纺织服装	木材、纺织、纺织服装、电气、非金属

6.2　结构调控目标

6.2.1　统筹城镇、农业和生态用地，优化国土空间结构

重视农村空间和生态空间的保护，加强生态涵养和绿色空间的建设，加大土地综合整治，使建设用地的开发利用与生态环境和谐统一，使人口和经济的集聚与资源环境承载能力相匹配。围绕"1+3"重点功能区建设和国家战略协调推进，统筹协调生产、生活、生态空间土地资源开发利用布局，实现生产空间集约高效、生活空间适度宜居、生态空间山清水秀，最终形成要素合理配置、土地利用高效、自然和人文环境协调友好的有序空间结构。到 2020 年，全省主体功能区布局基本形成，国土空间布局得到优化，国土开发强度不超过 22%，生态空间比例高于 20%，城镇空间控制在 88 万 hm^2 以内，耕地保有量不低于 456.87 万 hm^2。到 2035 年，主体功能区布局进一步完善，支撑全省功能区战略的国土空间开发和保护格局基本形成，人口集疏更加有序，全方位对外开放格局逐步完善，国际竞争力显著增强，国土开发强度不超过 23.5%，城镇空间控制在 97.38 万 hm^2 以内，耕地保有量保持在 456.33 万 hm^2 以上。

6.2.2　推动城乡要素流动，优化城乡建设用地结构

依据经济社会发展态势和资源需求变化，综合运用经济、行政、法律等手段科学配置土地资源，把城市和乡村纳入统一的社会经济发展体系中，打破城乡二元结构，实现城乡融合发展。正确把握城镇化发展趋势，保障合理的城市用地，实现现有城市用地规模增长的内涵挖潜及外延扩张并重而行；建立制约机制，遏制农用地的低效转用；优化城乡建设用地布局，保障城乡基础设施互联互通，促进城乡公共服务体系协同发展；落实城镇建设用地增加与农村居民点用地减少相挂钩的政策，促进零散的农村居民点向中心村集中，积极开

展农村居民点用地整理，提高土地利用率。推动城乡要素、产业、居民、社会和生态融合，促进城乡要素自由流动、平等交换和公共资源均衡配置，加快形成工农互促、城乡互补、全面融合、共同繁荣的新型工农城乡关系。加快农村土地征收、集体经营性建设用地入市和宅基地制度改革进程，加快建立城乡统一的建设用地市场，持续释放农村集体土地要素红利，依法保障农民土地增值收益。落实最严格的节约用地制度，稳步开展城乡建设用地增减挂钩，探索开展"人地挂钩"机制，至 2020 年，整理农村建设用地 4.33 万 hm^2，城乡建设用地结构不断优化，土地利用效率明显提高。

6.2.3　盘活存量建设用地，优化城镇内部结构

坚持以人为本，按照有利于提高节约集约用地水平和提升城镇发展质量的要求，围绕城市产业结构调整、功能提升和人居环境改善，合理确定城镇低效用地再开发范围。以扬子江城市群为重点，对老城区、城中村、棚户区、旧工厂、老工业区进行改造开发，加大对不符合产业政策导向、安全生产和环保要求的，对属于淘汰、落后、过剩产能的，布局散乱、利用粗放、用途不合理、产出效益低的，未达到国家建设用地使用权出让合同约定条件的存量建设用地进行整治利用。到 2020 年实施城镇低效用地再开发 4.67 万 hm^2。

6.2.4　强化供给引导，优化产业用地结构

按照江苏省转型升级和供给侧结构性改革的要求，合理调整产业用地结构，严控高耗能高污染和过剩产能用地，重点保障先进制造业、战略性新兴产业、现代服务业等用地需求，重点强化第三产业，逐渐淘汰或转移第二产业，促进产业结构的优化升级，实现经济社会的持续增长。合理引导产业布局，实现区域协调发展，避免城市间同质化竞争，形成区域特色鲜明、辐射带动能力强、具有世界先进水平的产业集聚带和现代特色产业集群。优化工业用地供应方式，切实降低工业企业用地初始成本，扩大工业用地有效供给，提高工业用地节约集约利用水平。

6.3　策略与路径

当前，江苏省总体上已进入以工促农、以城带乡、城乡融合发展的重要时期，实现各类要素在城乡之间的市场化流转是城乡融合发展的核心内容，而城乡建设用地空间需求迫切、耕地保护压力巨大是当前土地资源利用中的基本矛盾，为了解决土地资源利用中的基本矛盾，要对城乡建设用地进行统筹利用，优化城乡用地结构。

6.3.1　加强规划引领作用

1. 编制实施国土空间规划，引导国土空间结构调整

编制国土空间规划，统筹国土空间开发与保护，从水、土、环境等要素的限制性出发，

评价国土开发利用现状和资源环境承载力，合理确定国土开发规模、结构布局、强度和时序，合理安排生活、生产、生态空间，推进国土集聚开发、分类保护和综合整治，探索建立区域国土开发的资源与环境预警制度，逐步形成人口、经济、资源、环境相协调的节约集约型国土空间开发格局（图 6-3）。

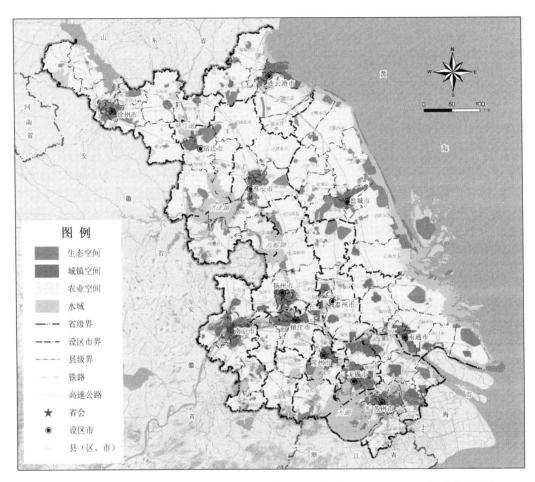

图 6-3　江苏省国土空间结构规划图（引自《江苏省国土规划（2016—2035）（征求意见稿）》）

2. 强化土地利用规划对土地利用结构调整的引导

引导土地利用结构调整是土地利用总体规划的基本职能。土地利用总体规划是对一定区域一定时期内土地资源的开发、利用、改良和保护，在时间、空间和结构上进行统筹安排，实现土地合理利用的综合目标。通过土地利用总体规划的空间引导，能够促进农用地尤其是耕地的保护，严格控制土地开发强度，调整建设用地结构，从而达到土地利用结构调整优化的目的。

积极实施土地整治规划，促进土地利用结构优化。土地整治是一项国家战略，对低效利用、不合理利用、未利用及生产建设破坏、自然灾害损毁土地进行整治，提高土地利用效率（郧文聚，2011）。土地整治是落实耕地总量调控，保障国家粮食安全的重要举措，也是优化国土空间布局，实现国土资源有效配置的重要手段。通过农用地整治，实施土地平整、灌溉和排水、田间道路、农田防护和生态环境保持等工程，增加有效耕地面积，提高耕地质量，改善农业生产条件和生态环境；通过农村建设用地整治，对农村地区散乱、废弃、闲置和低效利用土地进行复垦，提高农村建设用地节约集约利用水平，优化城乡土地利用结构与布局；通过土地复垦，对生产建设和自然灾害损毁土地进行整治，将历史遗留的工矿废弃地以及交通、水利等基础设施废弃地加以复垦，使其达到可供利用的状态，改善生态环境；通过未利用土地开发，增加耕地面积，提供粮食产能；通过城镇工矿建设用地整治，调整城镇建设用地结构，提升土地价值，促进产业调整、城市转型、环境再造，促进节约集约用地。以耕地数量稳定和质量提升、建设用地减量化、农村人居环境改善为目标，整体推进田水路林村综合整治，推进农村闲置低效用地整理，改变农村脏、乱、差面貌，改善农村人居环境。积极开展粮食主产区基本农田整治工程、城乡统筹区域农村建设用地整治工程、传统村落保护性整治工程等重大项目建设，实现国土空间用地效能提高、用地效率提升、用地环境改善、用地生态恢复。

探索编制村土地利用规划，促进美丽乡村与特色田园乡村建设，助力乡村振兴。全面贯彻创新、协调、绿色、开放、共享的发展理念，在农村土地制度改革地区、有迫切需要或有条件的地区、特色田园乡村开展村土地利用规划编制工作，注重"多规合一"，加强农村土地利用供给的精细化管理，细化乡（镇）土地利用总体规划安排，统筹合理安排农村各项土地利用活动，以适应新时期农业农村发展要求。要按照"望得见山、看得见水、记得住乡愁"的要求，以乡（镇）土地利用总体规划为依据，坚持最严格的耕地保护制度和最严格的节约用地制度，统筹布局农村生产、生活、生态空间；统筹考虑村庄建设、产业发展、基础设施建设、生态保护等相关规划的用地需求，合理安排农村经济发展、耕地保护、村庄建设、环境整治、生态保护、文化传承、基础设施建设与社会事业发展等各项用地；落实乡（镇）土地利用总体规划确定的基本农田保护任务，明确永久基本农田保护面积、具体地块；加强对农村建设用地规模、布局和时序的管控，优先保障农村公益性设施用地、宅基地，合理控制集体经营性建设用地，提升农村土地资源节约集约利用水平；科学指导农村土地整治和高标准农田建设，遵循"山水林田湖草是一个生命共同体"的重要理念，整体推进山水林田湖村路综合整治，发挥综合效益；强化对自然保护区、人文历史景观、地质遗迹、水源涵养地等的保护，加强生态环境的修复和治理，促进人与自然和谐发展。

3. 强化主体功能区管控，引导产业用地结构调整

按照主体功能定位，合理确定国土空间分类，做好区域规划、专项规划、重大项目布局与主体功能区规划的衔接。优化开发区域要率先转变经济发展方式，促进集中、集聚和集约发展，不断提高经济开发密度与产出效率，适度减少制造业建设空间，保障交通用地的适度超前需求，加大主城区存量土地结构调整力度，全面实施"退二进三"，推进农村居民点向城镇适当集中，加快推进产业升级，全面提升区域辐射带动能力和国际竞争力。

重点开发区域要稳定制造业空间，加大制造业空间存量调整，推进集中布局，提高空间产出效益；积极发展战略性新兴产业和先进制造业，提升集聚集约发展水平，推进产业转型升级；对采矿业等污染高、产值低的行业需逐步进行整合；引导大型石化和装备制造等临港产业向沿海地区转移和布局。

限制开发区域要在兼顾城镇发展的基础上，合理安排基本农田空间布局，强化基本农田保护区的粮食生产功能；保留部分基础好、效益高、污染小的开发区和工业集中区，实施点状集聚开发；优先保障镇区和保留工业区的用地，推进工业向有限区域集中布局；保障现代农业的配套基础设施用地需求；严格控制居住用地增长，特别是农村居民点的用地增长；促进不符合地区主体功能定位的部分石化企业跨区域转移，缓解沿江地区化工产业与城市发展之间的矛盾。

禁止开发区域内应严禁不符合主体功能定位的开发活动，切实保障生态用地需求，限期退出或跨区转移不符合禁止开发区域的用地。

6.3.2　优化城乡建设用地布局，促进城乡建设用地结构调整

为保证江苏省经济社会的全面协调可持续发展，在区域建设用地的规模和布局的确定上，必须按照集中、集约用地的原则，进行建设用地空间配置。在划定不同地区长期建设发展区域前提下，实施"门槛准入＋价格竞争"的新增建设用地配置制度。根据不同地区社会经济发展水平与产业发展重点，结合产业投资与生产特征，分地区、分产业制定差别对待的工业园区或工业集中区准入门槛制度。在土地资源严重稀缺地区，鼓励竞争性土地供给方式的应用，使价格机制充分发挥作用。同时，通过加强建设用地管理，对特定地区、特定时期土地供给规模与结构进行控制，以促进产业结构调整与经济增长方式转型，稳定经济发展速度，提高经济增长质量。

统筹县城区、中心城镇、一般建制镇和村庄协调发展，明确界定不同层次聚落的空间职能。遵循大力推进县城建设，重点培育中心城镇，全面改善农村居住环境，合理优化城乡聚落空间。依据全省村庄布局规划，科学确定村庄布局，加强村庄规划建设的引导，提高农民建房设计水平，推进新农村面貌改变。加强农村居民点整理力度，改善居住区环境和秩序；对中心城区、城镇密集区、开敞区和生态敏感区进行生态及文化空间设计；推进乡镇和市县行政区域调整。采取政府供给与市场化运作相结合的手段加强基础设施建设；通过整合存量，优化工业园区的规模和空间布局，通过准确定位，科学选择园区集群化发展的模式，通过完善功能，创新政府的园区运作机制，从而加强和改善园区建设。

积极实施城乡建设用地增减挂钩。贯彻执行城镇建设用地增加与农村建设用地减少相挂钩政策，探索开展同一乡镇内村庄用地布局调整试点工作。依据土地利用总体规划编制城乡建设用地增减挂钩专项规划及实施方案，合理划定建设用地拆旧区、建新区。严格实行城乡建设用地增减挂钩项目管理，实行项目区和行政区双重管理，确保项目区和行政区的建新规模不得突破下达的挂钩周转指标规模，注重耕地复垦的质量，建立和完善耕地质量评价系统，科学评价建新占用耕地与拆旧复垦形成的耕地的质量状况，充分保证城乡建设用地增减与复垦耕地的数量、质量"双挂钩"。

鼓励宅基地退出。在坚持尊重农民意愿、保障农民权益的原则下，鼓励在城镇有固定住所、稳定职业和收入来源，已经在城镇中解决了基本保障等问题且不愿回农村居住的农民放弃农村宅基地和承包地，到城镇居住，推动农村建设用地减量化。对同时放弃宅基地和承包地的农民，纳入实际居住地城镇居民社会保障体系，放弃的宅基地和承包地，归还集体经济组织。宅基地和承包地的补偿费在综合评估的基础上经双方协商确定，其补偿标准不低于同一区域的征地补偿标准。退出的宅基地中有条件复耕的要优先安排复耕，复耕的土地由地方国土主管部门进行面积和质量核查核定，所形成的增加耕地规模优先纳入下一年度城乡建设用地增减挂钩指标。

专栏 6-1　江苏省农村宅基地有偿退出试点

常州市武进区作为全国农村土地制度改革三项试点的 33 个试点地区之一，积极稳妥探索宅基地有偿退出机制。出台了《农村宅基地自愿有偿退出指导意见（试行）》，按照"依法自愿、合理补偿"的原则，制定有偿退出的补偿标准和收回程序，建立政府回购机制，主要通过土地综合整治、增减挂钩等方式开展农村宅基地退出试点，依托农村产权交易平台，在全区范围开展土地指标交易，并建立了政府回购机制。到 2017 年，嘉泽镇南庄村袁家组集中居住区已实施 3 宗，面积 612m^2，补偿金额 37 万元；湟里镇集体经济组织成员内部转让 3 宗，面积 352m^2，涉及金额 13.2 万元。

盐城市阜宁县在实施镇村庄集体建设用地布局调整试点基础上，将宅基地有偿退出与康居工程有机结合，用足用活政策，积极推进宅基地退出工作，并取得较好成效。截至 2017 年 3 月 31 日，全县宅基地退出 13314 户，并拆除相关建筑，其中 10437 户一次性结清补偿费用，不需安置，1542 户进城入镇购房，存量置换 14 户，集中安置 1573 户，复垦后可净增耕地 7000 亩，实现了党委政府、人民群众、国土部门三方共赢，相得益彰的良好局面。

淮安市金湖县在银涂镇开展农村宅基地有偿退出试点，以建设涂沟农民公寓、银集荷塘湾公寓为载体，采取货币安置和房屋产权调换两种方式，解决退出农村宅基地农户的安置问题，出台了《金湖县农村宅基地有偿退出试点办法》，就农村宅基地有偿退出的范围、退出原则、退出类型、整治利用、安置补偿和有关配套政策做了有益的探索。

6.3.3　合理构建城镇空间，优化城镇用地结构

实行不同级别城镇间的差别化调控。对新老城市之间、大城市之间、大城市特大城市郊区以及广大乡村城镇化地区加强调控，采取多种有效的调控手段，进行由无序到有序的空间引导，将城镇建设和土地利用、环境整治密切结合起来，建立起规模结构合理、职能分工明确、空间功能突出的城镇体系结构。

　　坚持以人的城镇化为核心,以城市群为主体形态,全省形成"一群两轴,三圈一极"城镇空间格局(图 6-4)。以南京都市圈和苏锡常都市圈为重点,在更高层次和更深领域融入和引领国家长江三角洲城市群战略。推进宁镇扬同城发展先行示范区建设,加快锡常泰经济圈、(沪)苏通经济圈建设,形成南北呼应、协作联动的发展态势。依托徐州都市圈推动淮海城市群的规划建设,打造苏北地区振兴发展的重要支撑。提高淮安苏北重要中心城市和淮河生态经济带区域中心城市建设水平。

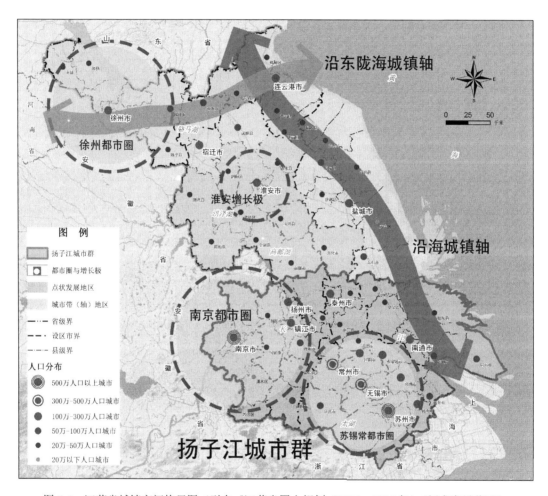

图 6-4　江苏省城镇空间格局图(引自《江苏省国土规划(2016—2035 年)(征求意见稿)》)

　　提高中小城市市政公用设施和公共服务设施建设水平,成为农业转移人口就近就地市民化的重要载体。大力发展县域经济,加快推进国家中小城市综合改革试点。分类建设发展小城镇。突出小城镇连接城市和农村的纽带作用,鼓励大中城市周边具备条件的小城镇发展成为新市镇或卫星城;支持符合条件的经济发达镇发展成为小城市。

　　加强存量挖潜,调整城镇建设用地结构。合理规划产业布局结构和规模,充分利用产业园区来减少由于产业配置不合理而造成的低级重复建设、工业用地等的无序扩张带来的资源消耗。通过税收减免、政策扶持和技术支持等手段，建立和完善存量建设用地内部挖潜的激励机制。加强建设用地整理，建设紧凑型城镇，对低收入居住区改造、城市污染与工商业废弃地改造进行市地整理，有步骤、有计划地整合城镇土地功能地块，提高土地利用效益。

6.3.4　优化产业用地空间布局，促进资源要素集中集聚

推进新型城镇化与产业协同发展，逐步实现产城融合。城镇化是产业集聚发展的空间载体，产业是城镇化建设的动力源泉，二者融合能够实现城镇化的顺利推进和产业的优化升级。依托现有产业园区，在促进产业集聚、加快产业发展的同时，顺应发展规律、因势利导，按照产城融合发展的要求，加快产业园区从单一的生产型园区经济向综合型城市经济转型。

完善园区配套设施，有序引导工业向园区集中。科学编制产业发展规划，合理安排工业用地布局，强化规划对项目选址的刚性约束。加快建设特色园区，大力发展占地少、附加值高的新兴产业，引导项目按照产业属性落户特色园区。尊重产业发展中"制造业向成本洼地集聚、生产性服务业向要素高地集聚"的基本规律，不断完善园区配套服务设施，有序引导工业向园区集中，发挥区域产业集聚优势。实施建设项目用地综合评审制度，从供地源头上制止新建项目盲目投资和低水平重复建设，突出区域产业特色和集聚效应。推进农村建设用地整理，有序引导村镇企业向园区集中。

改革工业用地供应方式。深入落实《省政府办公厅关于改革工业用地供应方式促进产业转型升级企业提质增效的指导意见》，调整产业用地结构。强化政府对土地资源配置的管控和调节能力，增强精细化管理，分区域分行业进行工业用地供应的管控，根据行业现状用地规模、行业发展阶段、行业用地效益等进行用地指标的控制，有效纠正资源要素错配。

实施差别化供应政策。土地供应重点向战略性新兴产业用地、高端服务业用地倾斜，促进行业集中度提升。优先保障"互联网＋制造业""双百工程"项目、新产品新技术推广应用三大计划项目用地。优先供应电子、汽车、电气等用地效益较高的行业，推动机械、石化、冶金、纺织、轻工、建材等传统产业向高端化品牌化发展，打造一批具有国际竞争力的特色产业集群和先进制造业基地。加快南京市智能电网、无锡市传感网、苏州市新一代信息技术和高技术服务业、盐城市海上风电、泰州市和连云港市生物医药、常州市智能制造等集聚区建设。鼓励发展现代金融、软件和信息服务、电子商务、现代物流、科技服务、服务外包、检验检测、国际航运等现代服务业。推动南京市、苏州市等地建设区域金融中心，进行市域制造业布局调整。有序推进劳动密集型、资源密集型、环境压力大的产业向苏北、沿海地区转移。梳理重大基础设施和民生项目建设需求，合理安排规划控制指标，精准配置优先的发展空间。

持续推进"三去一补一降"。坚持因城因地施策，进一步优化土地供应结构，促进房地产市场健康平稳发展。在房价上涨过快、房价较高的地区，逐步开放"租购同权"门槛，推广"租售并举"住房制度，开展集体土地上租赁住房建设试点。发展住房租赁市场，使

公租房、廉租房满足新市民住房需求，稳定房地产市场。完善保障房管理制度，积极发展保障房二级市场，加强保障房的循环利用。

研究出台积极稳妥处置"僵尸企业"的管理政策，综合运用市场机制、经济手段、法治办法，通过严格环保、能耗、技术标准倒逼市场出清。严把新增产能用地、用矿关口，决不能向钢铁、水泥等过剩产能和低水平重复产能供地批矿；加强土地、矿产执法监管，防止已经化解的过剩产能死灰复燃；认真落实"地条钢""小化工"和砖瓦窑等落后产能整治后土地盘活的具体措施。

6.4　机　制　创　新

6.4.1　健全城乡统一的建设用地市场

构建和完善相应的土地要素市场配置体系，充分发挥市场的供求机制、价格机制和竞争机制的作用，促进建设用地资源要素合理流动。引导推动农村集体建设用地在符合规划的前提下直接入市交易，加快推进统一开放、竞争有序的建设用地城乡一体化市场，建立区域性土地合作开发机制和收益共享机制。鼓励合理土地开发强度内的新增建设用地指标在各设区市之间的流转配置，提高新增建设用地配置效率；建立省级新增建设用地指标市场化配置制度，形成基于不同设区市发展水平差异和合理土地开发强度差异的区域土地发展权基准价格体系，利用所得收益建立合理土地开发强度调控基金，用于统筹区域、城乡、行业建设用地配置。完善调节金征收制度，支持有条件的试点地区开展土地增值收益调节金转税费制度研究和探索。深化宅基地制度改革，适度放活宅基地使用权，探索宅基地盘活利用收益分配机制，建立零星分散宅基地退出机制。建立农村产权流转交易市场，推动农村产权流转交易公开、公正、规范运行，引导农业转移人口有序流转土地承包经营权。

6.4.2　推进建设用地管理综合性改革

建设用地优化配置问题涉及行政体制、财税制度、户籍制度等诸多问题，必须通过完善相关配套制度建立起建设用地综合管理体系。一是改变传统以经济指标为核心的政绩考核体系，探索依据国家主体功能区划战略，构建以区域主体功能相对应的政绩考核体系，更加重视地方经济发展中资源消耗、生态保护和可持续发展等。二是完善户籍制度、社会保障制度、产业转移政策。依法保障农民应当享有的合法财产权利和收益分配权，保障农业转移人口及其他常住人口随迁子女平等享有受教育权利。完善就业失业登记管理制度，面向农业转移人口全面提供政府补贴职业技能培训服务，加大创业扶持力度，促进农村转移劳动力就业。积极承接城镇地区落后产业转移，充分发挥城镇地区技术、资金优势和农村劳动力优势，探索农村建设用地入股合作经营等方式，在实现农村工业化积累、农村内生发展原始资本的同时，开展农地的规模化经营，有效促进农业现代化的发展。

6.4.3　探索江苏省特色"人地挂钩"机制

　　"人地挂钩"政策以人地关系协调理论、城乡一体化理论、土地管理理论和系统论为理论基础，其核心是"人往城转、地随人走、钱从地出"。"人地挂钩"既是城乡建设用地增减挂钩政策的延伸和拓展，也是一项重大的土地管理制度创新。与增减挂钩相比，"人地挂钩"是顺应城镇化推进的一般规律，在人地关系协调发展理论和城乡一体化推进理论的指引下和相关规划的引领下，依据农村人口向城镇转移的速度和数量确定农村建设用地缩减、城镇建设用地随之增加的速度和规模，通过农村土地综合整治、土地资源的市场化配置等手段，实现区域耕地和建设用地总量平衡，缓解人地矛盾，促进新型城镇化发展和乡村振兴。探索江苏特色"人地挂钩"机制，开展南京江北新区"人地挂钩"试点工作。

第7章 效益调控：提升节约集约用地水平

供给侧结构性改革的落脚点是实现高质量发展，土地宏观调控落实供给侧结构性改革的要求，最终体现在土地节约集约利用水平的提升上。2016 年，江苏省第二、第三产业增加值占 GDP 比重达到 94.6%，其中绝大部分是由城市建设用地所承载，而各类开发区在其中扮演了重要角色。实施土地宏观调控，提高节约集约用地水平，其核心是提高建设用地的节地水平和产出效益。本章分析了江苏省建设用地节约集约利用状况，提出了江苏省节地水平和土地产出水平两个方面的效益调控目标，制定提升节地水平和产出效益的策略路径和创新机制。

7.1 江苏省建设用地节约集约利用状况

7.1.1 建设用地节约集约利用水平

1. 土地产出效益逐年上升

全省单位建设用地第二、第三产业增加值从 2009 年的 152.55 万元/hm² 增长到 2016 年的 314.01 万元/hm²，增幅 105.8%（图 7-1）。区域间差异也相当明显，2016 年苏南地区建设用地第二、第三产业增加值 539.44 万元/hm²，苏北地区为 159.01 万元/hm²，相当于苏南地区的 29.5%。

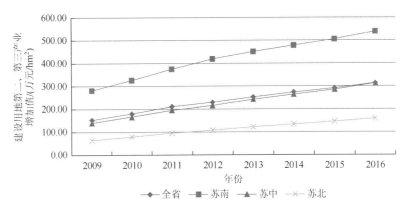

图 7-1 江苏省单位建设用地第二、第三产业增加值变化图

2. 土地投入强度大幅提高

土地投入强度可以用建设用地地均固定资产投资额来反映（图 7-2）。2009 年全省固定资产投资 18949.88 亿元，单位建设用地固定资产投资 89.79 万元/hm²。到 2016 年，全省固

定资产投资总额为 49370.85 亿元，建设用地地均固定资产投资额为 215.29 万元/hm²，与 2009 年相比提高了 1.4 倍。苏南、苏中、苏北地区建设用地地均固定资产投资额差异大，分别为 275.94 万元/hm²、243.79 万元/hm²、153.88 万元/hm²。

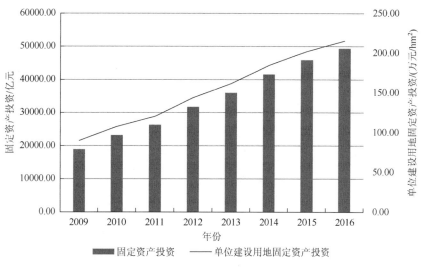

图 7-2　江苏省土地投入强度变化图

3. 节地水平不断提高

2008 年，江苏省委省政府印发《江苏省人民政府关于建立科学发展评价考核体系的意见》（苏发〔2008〕13 号），将"单位 GDP 建设用地占用及下降率"列为考核体系的重要指标。2014 年，江苏省启动节约集约用地"双提升"行动，将"单位 GDP 建设用地下降目标"列为主要目标之一。同时，"单位 GDP 建设用地占用"和"占用下降率"两项指标也被纳入江苏省国土资源节约集约利用综合评价考核指标体系中，通过激励引导机制，切实强化了各地对提升节地水平重要性的认识。

全省单位 GDP 建设用地占用规模逐年降低，2009 年全省为 65.55hm²/亿元，2016 年下降至 31.85hm²/亿元，降幅达 51.4%（图 7-3）。三大区域的单位 GDP 建设用地占用均呈明显的下降趋势，但区域间差异较大。苏北和苏中地区的单位 GDP 建设用地占用高于全省平均水平，其中苏北地区 2016 年为 62.89hm²/亿元，是全省平均水平近 2 倍，苏中地区略高于全省平均水平，苏南地区 2016 年为 18.54hm²/亿元，相当于全省平均水平的 58.2%。从降幅看，苏北和苏中地区高于苏南地区，其中苏北、苏中和苏南地区的降幅分别为 59.8%、55.3% 和 47.8%，体现出区域间经济发展阶段与产业结构的明显差异。

4. 农村闲置低效建设用地规模大

根据江苏省农村建设用地调查成果，2016 年全省农村建设用地中，空闲地共有 31.68 万 hm²。从三大区域来看（图 7-4），苏北地区的空闲地面积最多，且超过苏南和苏中地区的总和。市级层面上（图 7-5），盐城市的空闲地面积最多，无锡市的空闲地面积最少。此外，

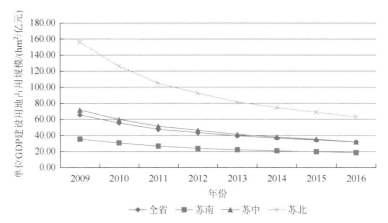

图 7-3　江苏省单位 GDP 建设用地占用规模变化图

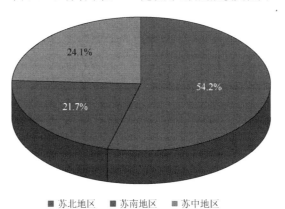

图 7-4　三大区域农村建设用地中空闲地面积（2016 年）

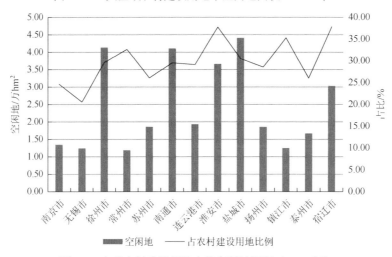

图 7-5　全省农村建设用地中的空闲地面积（2016 年）

全省空置、废弃状态的农村宅基地，集体经营性建设用地，公共管理与公共服务用地分别有 2.56 万 hm^2、1.43 万 hm^2、0.32 万 hm^2。总体而言，全省农村建设用地的低效闲置问题较为突出，挖掘潜力大。

7.1.2 城市建设用地节约集约利用水平

1. 评价方法

采用多因素综合评价法,利用强度指数、增长耗地指数、用地弹性指数、管理绩效指数四个方面,选择人口密度分指数、经济强度分指数、人口增长耗地分指数、经济增长耗地分指数、人口用地弹性分指数、经济用地弹性分指数、城市用地管理绩效分指数 7 项指标,对江苏省 13 个地级城市、23 个县级城市 2016 年度城市建设用地集约利用进行综合分析(表 7-1)。地级城市辖区整体用地状况评价的对象为该城市的全部建设用地,地级城市下辖县(市、区)用地状况评价的对象为该城市下辖各县(市、区)的建设用地。县级城市辖区整体用地状况评价的对象为该城市的全部建设用地。

表 7-1 江苏省城市建设用地节约集约利用水平

目标	权重	子目标	权重	指标	权重
利用强度指数	0.50	人口密度分指数	0.41	城乡建设用地人口密度	1.00
		经济强度分指数	0.59	建设用地地均固定资产投资	0.47
				建设用地地均地区生产总值	0.53
增长耗地指数	0.18	人口增长耗地分指数	0.38	单位人口增长消耗新增城乡建用地量	1.00
		经济增长耗地分指数	0.62	单位地区生产总值耗地下降率	0.36
				单位地区生产总值增长消耗新增建设用地量	0.32
				单位固定资产投资消耗新增建设用地量	0.32
用地弹性指数	0.17	人口用地弹性分指数	0.39	人口与城乡建设用地增长弹性系数	1.00
		经济用地弹性分指数	0.61	地区生产总值与建设用地增长弹性系数	1.00
管理绩效指数	0.15	城市用地管理绩效分指数	1.00	城市存量土地供应比率	0.49
				城市批次土地供应比率	0.51

2. 设区市城市建设用地集约利用水平

从土地利用强度方面来看,全省建设用地集约节约利用水平较高,平均利用强度指数分值为 76.49;建设用地消耗与经济社会发展协调程度仍有一定的提升空间,用地弹性指数平均分值为 64.81;各城市在节约集约用地的管理方面表现较为出色,全省平均分值为 88.48(图 7-6)。

从定量分析结果来看,江苏省建设用地总体呈现集约利用的状况,但在部分方面和部分城市建设用地节约集约程度仍存在一定的提升空间。从整体上看,南京市及苏锡常集约利用程度较高,其次是扬州市、镇江市等城市,徐州市、宿迁市等苏北城市总体集约程度相对较低。苏北城市中,徐州市集约利用程度相对较高,其增长耗地指数、用地弹性指数和管理绩效指数均处在相对较高的水平,这与当地土地节约集约利用工作推进有力是分不

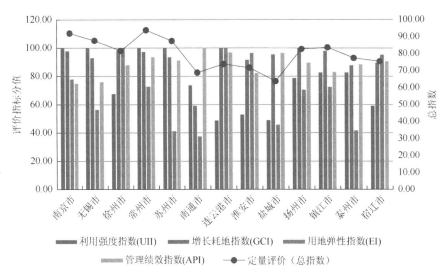

图 7-6   江苏省 13 个地级以上城市集约程度定量评价指数图

开的。过去黄河故道沿线村庄占地大、工矿废弃地多，土地利用方式粗放，近年来，通过工矿废弃地开发治理、推广高标准厂房建设、充分利用地下空间等举措，土地节约集约利用水平有了明显提高，曾经的经济发展洼地逐步成长为苏北地区发展的重要增长极。南通市和盐城市，定量评价总指数相对较低，具体分析可以看出，南通市常住人口增幅过小，盐城市常住总人口不增反降，导致用地弹性指数低，最终拉低了总体分值，两城市其他指数处在相对较高的水平。

3. 县级城市建设用地集约利用水平

全省 23 个县级城市利用强度指数分布区域分异相对较小（图 7-7）。利用强度指数最高的江阴市、昆山市已达到 100 分，大丰市和句容市利用强度指数分值较低，为 55 分左

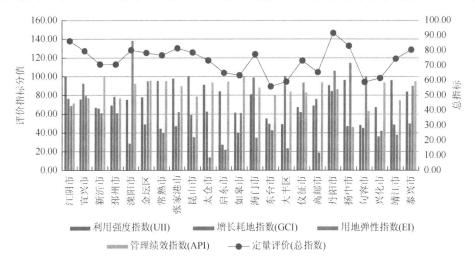

图 7-7   江苏省 23 个县级城市集约程度定量评价指数图

右。经济社会增长对新增建设用地的消耗差异较大，大丰区和海门市增长耗地指数分值相对较高，溧阳市、启东市、兴化市、如皋市、句容市等城市增长耗地指数分值较低，均处在 37～50 分值段。管理绩效指数总体较高，除了扬中市和句容市外，其余 21 个县级城市管理绩效指数均在 70 分以上。

从定量分析结果来看，地处苏南地区的丹阳市、江阴市集约利用程度较高，其次是昆山市、海门市、常熟市、张家港市等城市，句容市总体集约程度相对较低。分指数分析发现，集约利用程度较高的城市利用强度指数和管理绩效指数均较高，而用地弹性指数处于中等水平，表明这些城市要通过推进建设用地增长和人口社会发展的匹配程度，来进一步建设用地节约集约利用水平。近年来，句容市严格控制新增建设用地供应量，增长耗地指数达到了较为理想的状态，但是由于人口增速减缓，因此，利用强度指数仍有较大提升空间。从城市用地管理绩效角度考虑，句容市当前城市存量土地供应比率有待提高，管理绩效指数基本处于中等偏下水平。在后期城市发展过程中，应更加注重建设用地增长与经济社会发展的匹配程度，同时充分盘活存量建设用地，有效提高建设用地批后供地率和实际使用率，增强综合竞争力和整体经济素质，加快工业建设尤其是高科技产业建设，从而形成土地集约利用和经济发展相互促进的良好局面。

4. 城市建设用地节约集约利用存在的问题

江苏省城市建设用地节约集约利用中存在的问题主要有两方面：一是土地利用强度格局分化现象显著。全省各地土地投入水平不一，产出水平差距较大，不仅体现在苏南、苏中、苏北不同区域之间，还体现在同一区域之间（县级市中较为明显）。二是部分城市土地的闲置浪费。苏南地区经济较为发达，固定资产投资、基础设施等投入较多，对于人口和外资等方面的吸引明显高于苏北地区，土地利用强度相对较高，而与此同时，苏北大部分地区人口外流现象显著，城市土地投入水平不够高，导致部分城市存在城镇工矿用地的不合理利用和村庄用地的低效、闲置。

7.1.3 开发区土地节约集约利用状况

开发区是江苏经济发展的重要增长极，对全省产业优化升级、外向型经济发展、城市建设和科技创新等方面具有带动、辐射、示范效应。经过三十多年的发展，全省开发区特别是国家级开发区已经成为我国参与全球分工与竞争的制高点、新型工业化的先导区、对外开放的先行区，亦成为节约集约用地的示范区，在经济社会发展和土地节约集约利用方面取得了瞩目的成绩。

1. 评价方法

采用因子权重根据评价类型（工业主导型和产城融合型），从土地利用状况、用地效益和管理绩效三个方面分析不同评价时点全省（区、市）、国家级、省级、不同类型开发区土地集约利用总体状况的变化情况及差异（表 7-2 和表 7-3）。

表7-2　工业主导型开发区土地节约集约利用程度评价指标体系

目标	子目标	指标			
		主区	指标属性	发展方向区	指标属性
土地利用状况	土地利用程度	土地供应率	正向相关	土地开发率	正向相关
		土地建成率	正向相关		
	用地结构状况	工业用地率	正向相关	工业用地率	正向相关
	土地利用强度	综合容积率	正向相关	综合容积率	正向相关
		建筑密度	正向相关	建筑密度	正向相关
		工业用地综合容积率	正向相关	工业用地综合容积率	正向相关
		工业用地建筑系数	正向相关	工业用地建筑系数	正向相关
用地效益	产业用地投入产出效益	工业用地固定资产投入强度	正向相关	工业用地固定资产投入强度	正向相关
		工业用地地均税收	正向相关	工业用地地均税收	正向相关
管理绩效	土地利用监管绩效	土地闲置率	负向相关	土地闲置率	负向相关

表7-3　产城融合型开发区土地节约集约利用程度评价指标体系

目标	子目标	指标			
		主区	指标属性	发展方向区	指标属性
土地利用状况	土地利用程度	土地供应率	正向相关	土地开发率	正向相关
		土地建成率	正向相关		
	土地利用强度	综合容积率	正向相关	综合容积率	正向相关
		建筑密度	正向相关	建筑密度	正向相关
用地效益	综合用地效益	综合地均税收	正向相关	综合地均税收	正向相关
		人口密度	正向相关	人口密度	正向相关
管理绩效	土地利用监管绩效	土地闲置率	负向相关	土地闲置率	负向相关

2. 开发区土地利用水平

截至2015年年底，江苏省有145个国家和省级开发区，其中国家级开发区60家，省级开发区85家。全省开发区土地集约利用评价综合分值的平均水平为86.80分，从级别来看，国家级开发区综合分值明显高于省级开发区，60个国家级开发区平均分值为89.74分，85个省级开发区平均分值为84.72分。

从分段来看，评价分值在95分以上的开发区共16个，其中国家级开发区12个和省级开发区4个，主要分布在苏锡常地区（表7-4）。这些开发区的绝大多数指标现状值已达到理想值，开发区土地集约利用程度较高，在全省开发区集约用地管理中起到了示范带动作用。90~95分的开发区有31个，其中国家级开发区23个和省级开发区8个。分数在80~90分的开发区有75个，国家级开发区17个，其中省级开发区58个，这些开发区的多数指标已接近理想值，土地利用正在接近或将要达到集约利用目标要求。分数在70~80分的开发区有20个，其中省级开发区12个，国家级开发区8个，这部分开发区指标现状水平距离理想值还有一定差距，开发区低效、粗放用地现象在一定程度上依然存在，集约利用还有较大挖潜潜力。全省有 3 个开发区的分数在 70 分以下，其多数指标距离理想值还有较大差距，开发区土地低效、粗放利用现象严重，集约利用程度较差。

表 7-4　评价分值分布情况

评价范围		分数区段				
		95 分以上	90~95 分	80~90 分	70~80 分	70 分以下
国家级开发区	开发区数量	12	23	17	8	—
	占国家级开发区比重/%	20.01	38.33	28.33	13.33	—
省级开发区	开发区数量	4	8	58	12	3
	占省级开发区比重/%	4.70	9.41	68.24	14.12	3.53

从开发区的评价类型来看，125 个工业主导型开发区土地集约利用评价综合分值的平均水平为 87.63 分，产城融合型开发区综合分值平均值为 81.62 分，工业主导型明显高于产城融合型。

从开发区类型来看，南京市高新技术产业开发区等 15 个国家级高新技术产业开发区最高，其平均分值为 91.63 分；25 个国家级经济技术开发区的平均分值为 90.82 分；11 个其他类型的国家级开发区平均分值为 90.58 分；6 个省级高新技术产业园区的平均分值为 88.89 分；75 个省级经济开发区的平均分值为 84.70 分；9 个国家级出口加工区的平均分值为 82.58 分；4 个省级特色工业园区的平均分值为 78.91 分（图 7-8）。

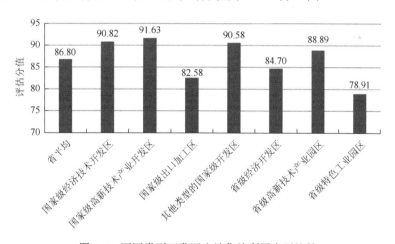

图 7-8　不同类型开发区土地集约利用水平比较

从区域上来看，由于起步时间、区位条件、经济基础、产业结构水平和投资环境存在差别，江苏省开发区土地集约利用水平呈现出明显的区域差异性。苏南地区历来是江苏省经济发展重心，城市化、工业化水平远高于苏中、苏北地区，苏南开发区的土地集约利用程度相对较高，平均分值为 88.83 分，而且省内评价分值在 90 分以上的开发区也主要分布在经济发达的苏锡常地区；苏中地区的经济实力低于苏南而高于苏北，随着沿江、沿海开发战略的实施,苏中在承接国际国内制造业的转移,构筑产业发展方面的优势不断增强,经济增长不断加快,其开发区土地集约利用水平近年来也在不断提升。苏中开发区土地集约利用综合分值为 85.35 分,稍微低于全省平均值;苏北是江苏省经济发展的薄弱地区,城市化、工业化水平相对较低。苏北开发区土地集约利用综合分值为 84.93 分,土地集约利用水平低于全省平均水平,不少开发区综合分值都在 80 分以下,距离全省集约用地目标还有一定差距。

3. 开发区用地存在的主要问题

开发区产业结构趋同,制约了产业集聚和用地集约。有些开发区产业导向缺乏必要的标准和约束,因而在产业类型上时常会偏离开发区的产业发展方向,导致大量企业地理集中而非产业集聚。开发区产业结构趋同存在两种情况:一是主导产业趋同,二是某些产品结构存在趋同。不同开发区的同类产业竞争较为激烈,产业联系不紧密,合作不强,严重影响了同类产业集群效应的发挥,难以形成产业集聚,影响了开发区土地集约利用水平提高。

开发区土地利用结构需进一步优化。开发区用地主要应以工业用地、仓储用地为主,而江苏省许多开发区远离母城,独立设置,开发区的整体规划与建设都是按照城市模式来设计的,造成开发区用地结构中,工业用地比例偏低,有的仅占全区土地面积的 20%～40%,大量用地被生活、绿化、公用建设用地和其他用途用地占用。非生产性用地比例过高,必然造成投资向非生产性项目倾斜,与设立开发区的初衷相偏离。这种用地结构的不适宜性一定程度上抑制了开发区土地集约利用水平的提高。

对低效利用的监管和处罚机制有待健全。自工业用地实行招拍挂出让以来,虽然是有目标的实行定点挂牌,但在用地者按照合同约定交清土地出让金,按期开竣工,不改变用途,验收领证后,便依法取得了土地使用权,至于其用地过程中的生产经营和用地效益如何,在土地相关政策法规中,缺少对供出土地低效利用进行有效处罚的依据。目前土地的批后监管更多地体现在对土地的不浪费不闲置的监管,至于对投入和产出状况监管,已超出国土部门的管辖范围。而依靠政府建立的税收、财政、金融等多方监管机制尚未完整建立,在一定程度上制约了开发区土地节约集约利用程度的提高。

7.2　江苏省土地利用效益调控目标

按照江苏省"两聚一高"战略和节约集约用地"双提升"行动的总体部署,深入推进实施"五量调节"战略,通过严把新建项目用地准入关、实施存量低效用地集约挖潜、推进闲置土地处置等途径,从纠正错配、促进适配、提升优配等方面综合施策,提高节约集约用地水平和产出水平。

7.2.1　"建设用地地均 GDP 增长"和"单位 GDP 建设用地占用下降"目标

原国土资源部与国家发展和改革委员会下发《关于落实"十三五"单位国内生产总值

建设用地使用面积下降目标的指导意见》（国土资发〔2016〕120 号），下达江苏省"十三五"期间单位 GDP 建设用地使用面积下降目标为不低于 22%。充分考虑当前经济下行压力，"十三五"时期，根据全省 GDP 年均 7%左右的增速和"2020 年全省建设用地 236.13 万 hm² 的控制目标"进行测算，到 2020 年，全省建设用地地均 GDP 为 27.9 万元/亩，单位 GDP 建设用地占用面积为 358.54 亩/亿元，"十三五"期间建设用地地均 GDP 增长约 35%，单位 GDP 建设占用下降约 26%。

按照江苏省 2021～2030 年 GDP 年均增长率 7%计算，到 2030 年江苏省 GDP 约 19.35 万亿。按照国土规划确定 2030 年建设用地总量 247.89 万 hm²，预计 2030 年全省建设用地地均 GDP 约 51 万元/亩，单位 GDP 建设用地占用面积为 195.7 亩/亿元。与 2020 年相比，建设用地地均 GDP 增长约 83%，单位 GDP 建设占用下降约 45%。

7.2.2　盘活利用存量建设用地近期目标

在当前经济增速放缓和国家逐步减少江苏省新增建设用地计划的背景下，按照建设用地减量化要求，"十三五"期间，江苏省节地水平在"十二五"时期基础上提升目标已修正为 26%（即每增加 1 亿元 GDP 需新增供地从"十二五"时期 9.33hm² 下降为 6.67hm²），按照江苏省"十三五"时期 7%～7.5%的 GDP 增速预测，保障经济发展约需供应 17.60 万～19.00 万 hm² 建设用地，年均供地 3.52 万～3.80 万 hm²。

江苏省工业化进程、土地开发强度现状和土地资源承载能力区域差异大，存量土地盘活利用需求、盘活路径各异，根据江苏省"十三五"期间建设用地供应需求、GDP 增速区间和 2020 年建设用地规模控制目标，综合考虑经济发展水平和盘活利用存量建设用地已有成果，将江苏省"十三五"时期盘活利用存量建设用地目标设定为 10.67 万 hm²。至 2020 年，逐步将存量建设用地在土地供应中的比例提高至 60%以上。

7.3　江苏省土地利用效益调控的策略与路径

7.3.1　开展工业、农村建设用地调查和年度更新

开展工业用地调查和年度更新。工业用地调查是低效产业用地再开发的基础性工作，其调查成果的大数据分析，不仅可以为低效产业用地再开发提供依据，而且可以为各级地方党委政府经济决策提供翔实、准确的数据支撑，在优化土地资源要素配置、促进产业转型升级和企业提质增效中发挥重要作用。在 2017 年全省工业用地调查的基础之上，及时分析总结调查成果，开展年度补充更新调查工作，及时掌握城镇低效用地范围，明确再开发用地规模、分布、利用方向和时序等，为效益调控奠定数据基础。

开展农村建设用地调查和年度更新。江苏省农村建设用地规模大、布局散乱、集约利用水平不高。2017 年，江苏省开展了全省农村建设用地调查，基本查清了全省农村建设用地现状和利用情况。应在已有成果基础之上，加快农村建设用地调查数据库建设，实施

年度更新，并纳入"一张图"管理。做好农村建设用地调查成果的评价和应用转化，为农村建设用地效益调控提供基础支撑。

7.3.2　加大存量低效建设用地盘活利用

推进城镇低效用地再开发。按照"明晰产权、统筹规划、利用共享、规范运作"的原则，因地制宜，试点推进旧城镇、旧工矿和"城中村"改造，积极推进存量用地盘活利用。全面实施低效产业用地再开发，推动产业转型升级发展。全面深入落实江苏省《省政府办公厅关于促进低效产业用地再开发的意见》，组织各地在开展工业用地调查的基础上，结合本地实际情况，合理确定本地区低效产业用地认定标准，建立本地区低效产业用地再开发项目库，编制年度开发利用方案。积极研究产业用地再开发政策，有力调动土地权利人和社会各方的积极性，鼓励土地权利人和相关市场主体参与产业用地再开发。实施再开发的过程中，应结合促进企业改革、"僵尸企业"处置、去产能及推动产业重组等，探索收购储备、土地流转、协议置换、"退二进三"、增容技改等形式多样的再开发模式。着力提高投资效率，在确保基础设施、社会事业项目投资精准的同时，重点提高各级政府对产业投资的引导水平，切实提高项目用地的投资效率和利用质量。

规范农村建设用地整治。以优化城乡建设用地空间布局为目标，按照"统筹规划、分步实施，政府引导，群众自愿，因地制宜，注重实效"的要求，在充分尊重农民意愿、保障农民合法权益的前提下，多管齐下，加大农村土地整治力度。依据土地利用总体规划和镇村布局规划，对农村居民点进行优化布局，促进农村居民点用地适度集中，有序推进城乡建设用地增减挂钩。依托试点经验，在确保耕地数量有增加、建设用地总量有减少的前提下，科学制定实施方案，规范推进同一乡镇范围内村庄建设用地布局调整。开展农村土地综合整治专项规划编制，引导和落实农村建设用地"减量化"。

加强工矿废弃地复垦利用。合理确定工矿废弃地复垦范围和规模，盘活和合理利用建设用地，确保建设用地总量不增加，提高土地资源利用率；明晰产权，保障土地权利人合法权益。积极争取将沿海盐田复垦纳入工矿废弃地复垦利用试点，推进江苏省沿海部分地区低效盐田的复垦利用。

7.3.3　着力提高新建项目土地利用效益

1. 实行差别化土地供应政策

认真贯彻落实国家和江苏省相关产业政策，大力支持先进制造业、战略性新兴产业、现代服务业等新产业、新业态和大众创业、万众创新用地。对战略性新兴产业、先进制造业项目等，优先安排供地；对列入国家和《江苏省禁止用地项目目录》及产业政策禁止投资的工业项目，不得以任何方式供应土地；对列入国家和《江苏省限制用地项目目录》和产业政策控制投资的工业项目，符合规定条件的方可供地。从土地供应环节有效防止盲目投资和低水平重复建设。

2. 严格执行建设用地控制标准

依据《江苏省建设用地指标（2014 年版）》，在建设项目可行性研究、工程项目设计、建设项目审批、项目用地预审、供地审查、供后监管、竣工验收等环节，严格执行土地使用标准。依据行业用地控制性和定额性指标，综合确定建设项目用地规模；对尚未发布土地使用标准、建设标准和因安全生产、地形地貌、工艺技术等确需突破土地使用标准的建设项目，依据节地评价结果科学确定用地规模。

3. 探索工业用地弹性出让

工业用地弹性年期出让，是指在工业用地法定最高出让年限内，根据国家产业政策、产业生命周期及地方工业产业发展趋势，结合土地利用总体规划和城市总体规划，依法综合确定合理年期出让工业用地。出让方式可以分为两种：一是按确定的年限一次出让；二是采取先租赁后出让的方式办理。

专栏 7-1　苏州市工业用地弹性出让

2016 年 12 月苏州市出台了《苏州市工业用地弹性年期出让实施意见》，提出苏州市新供应的工业用地可以采用弹性年期出让或者"先租后让"的方式供地。弹性出让年期以 5 年为单位，一般不过 30 年；"先租后让"的租赁期一般不超过 5 年，租赁期与弹性出让总年期一般不超过 30 年。出让期满前 1 年由受让方提出申请，经原批准机关同意，可以续期，并重新签订土地出让合同。特殊工业项目确需按法定最高年限出让土地的，由各县级市（区）人民政府（管委会）确定。工业用地弹性年期出让和先租后让实行最低价标准制度，弹性年期出让和先租后让的最低价按照工业用地法定最高年期 50 年对应的最低价进行修正，通过评估方式确定。受让方可在规定期限内，按合同约定，分期缴纳土地出让价款，降低工业企业用地成本。

---

4. 健全完善项目用地考核制度

进一步明确投入产出绩效评估要求，健全完善项目用地考核制度。依据土地有偿使用合同约定，分别在达产阶段（达产评估考核）、达产后每 3～5 年（过程评估考核）、租赁或出让期限到期前 1 年（到期评估考核）等阶段分别组织评估考核，考核结果建档备查。

7.3.4　积极推进闲置土地处置

1. 明确闲置土地范围

闲置土地是指土地使用权人超过土地有偿使用合同或者划拨决定书约定、规定的动工开发日期满一年，未动工开发的国有建设用地。已动工开发但开发建设用地面积占应动工开发建设用地总面积不足三分之一，或者已投资额占总投资额不足 25%，中止开发建设满一年的国有建设用地，也可认定为闲置土地。

2. 分类处置闲置土地

因政府原因造成闲置，且能在短期内恢复开工的，经市、县人民政府批准，通过调整规划设计条件、延长动工开发期限等方式进行处置；不能在短期内恢复开工的，采用安排临时使用、协议收回、置换用地等方式进行处置。

因企业自身原因造成土地闲置，且未按期动工建设满一年的，又不能经协商签订补充协议重新约定开竣工时间开工建设的，依法征缴土地闲置费。对企业自身原因无法动工开发满两年的，依法收回土地使用权。

其他原因造成土地闲置的，市、县人民政府要加强沟通协调，努力消除影响项目开工的各种不利因素，促进项目正常施工。因司法查封无法动工开发的，市、县人民政府要主动与法院协调处理；因群众信访等事项无法动工开发的，市、县人民政府应在保护人民群众和土地使用权人合法权益的基础上，主动调解沟通、化解矛盾，保证项目正常建设。

3. 构建闲置土地监测监管机制

建立闲置土地预防和发现新机制。依托全天候和全覆盖遥感监测成果，开展新增建设用地开发利用状况调查与监测，提高对闲置土地的主动发现和预警能力，提升批后监管精细化水平。各地应依托"一张图"综合信息监管平台和"慧眼守土"工程，实现"批、供、用"数据的实时更新，构建空间信息与属性信息相结合的完整数据库，提高对闲置土地的发现、预警和处置能力。

加强闲置土地处置监督检查。江苏省依托建设用地全程管理系统，进一步加强闲置土地处置监督检查力度。对处置完毕的地块，各地应及时完成数据入库和上图工作。通过开竣工申报、现场核查、竣工验收、闲置土地查处等手段，完善土地利用动态巡查制度，把工作重心从土地审批和土地供应转为加强对土地利用全程监管。

专栏 7-2　江苏省推进闲置土地处置

2015 年 11 月，江苏省政府印发了《省政府办公厅关于进一步加快闲置土地处置工作的通知》，要求各地加大闲置土地处置力度；按照省政府统一部署，省各有关部门组成联合督查组，对全省闲置土地处置情况分组进行专项实地督查。2016 年 9 月，江苏省国土资源厅印发《江苏省国土资源厅关于开展闲置土地处置盘活自查工作的紧急通知》（苏国土资发〔2016〕275 号），要求各地根据国务院第三次大督查的要求，切实加大力度，进一步跟踪处置闲置土地，建立有效的闲置土地预防机制和主动发现、预警机制。闲置土地处置效果明显，截至 2017 年 3 月底，全省共处置完成闲置土地 835 宗，4035.93hm²，处置率达 90.65%；处置完成批而未供土地 18947.68hm²，处置率达 48.91%。

7.3.5 促进开发区土地集约利用

1. 明确功能定位，强化产业带动

工业主导型开发区要坚持以要素集聚、产业集群为特色，强化产业差异化发展，完善生产性配套设施，增加产业发展有效空间，严格控制商业房地产开发，打造产业集聚发展的重要平台。产城融合型开发区要提高综合用地效益，统筹生活区、商务区、办公区等城市功能建设，推动单一生产功能向城市综合功能转型。

2. 优化用地布局，合理拓展开发区用地空间

产业层次低、产业结构雷同、项目规模偏小等现象在江苏省开发区内部依然存在，这客观上造成了土地盲目开发、粗放利用，不仅减弱了开发区的竞争力，加剧了开发区用地供需矛盾，也阻碍了开发区经济的持续提升和长足发展。这一方面需要统筹江苏省开发区的生产力优化布局，实现区域协调发展。按照产业转移的规律，加快苏南、苏中、苏北经济发展与开发区的产业对接，实现全省开发区土地资源的优化利用，促进苏南开发区产业升级与土地节约集约利用水平提升，有力带动苏中、苏北开发区的发展与土地利用效率的提高。另一方面，结合开发区土地集约利用评价与考核结果，有序开展开发区的升级、扩区、区位调整等工作，合理拓展开发区的土地利用空间。同时，各开发区还应按照比较优势和可持续发展原则，科学制定产业发展规划与空间布局规划，按照集中、集聚、高效的原则，合理安排产业、居住、交通等空间结构，优化用地布局，发展具有竞争优势和增长优势的重点产业，以特色产业实现有序发展，切实提高土地利用的整体效率与水平。

3. 优化用地结构，全面提升开发区用地效益

根据开发区定位与发展的要求，适时调整土地利用结构，按照发展定位和增强产业优势的原则，提高优势、特色、高技术产业用地比例，坚决杜绝高能耗、低水平重复建设项目。通过土地利用结构的优化，促进用地的合理布局，并为高层次的产业提供用地空间，使开发区的功能结构更加合理，从而全面提升开发区的用地效益。

4. 严格土地供应，大力加强开发区用地全程监管

在开发区土地利用管理中，进一步加强建设项目用地预审工作，严格执行国家和江苏省有关建设用地政策、控制标准，严格审查项目容积率、地均投资强度等控制指标，对集约用地指标达不到要求、不符合产业政策的项目一律不予供地。同时，加强实施项目供地之后的全程跟踪管理，对不按照规划、控制指标实施，以及不按土地供应合同要求建设的项目，要采取行政、经济、法律等多种手段进行严厉整治。充分利用现代化信息手段，加强对已供应土地的开工建设进度、投资建设比例等进行跟踪检查，防止出现新的空置土地。

7.4 健全土地利用效益全程调控体系

7.4.1 严把建设项目用地准入关（准入环节）

严格落实产业用地政策。按照产业结构转型升级和供给侧结构性改革"三去一降一补"要求，从源头上遏制产能过剩行业用地，从政策上支持低效企业腾退存量用地。贯彻落实国家和省有关产业用地政策，联合相关部门建立新增建设项目用地综合评审机制，严格限制"两高一资"和过剩产能新增项目用地，把好土地供应关口。

严格执行土地使用标准。依据国家、江苏省发布的土地使用标准从严控制用地规模，切实提高项目用地单位面积投资强度和产出强度。对国家和江苏省尚未发布土地使用标准、建设标准和因安全生产、地形地貌、工艺技术等确需突破土地使用标准的建设项目，依据节地评价论证意见，科学确定用地规模。根据产业发展情况适时开展土地使用标准修订工作。

积极推进差别化用地政策。认真贯彻落实国家和省重大战略部署，坚持有保有控，完善省级以上重大产业支持政策和产业用地差别化供应机制，优先供应科技含量高、附加值高的先进制造业、战略性新兴产业、现代服务业，新产业、新业态和"大众创业、万众创新"项目用地，促进现代产业体系构建和产业结构调整；重点支持基础设施建设用地，优先安排社会民生用地，保障健康、养老、体育、文化、扶贫脱困等民生项目发展用地。

7.4.2 完善土地资源市场化配置机制（配置环节）

扩大国有土地有偿使用范围。深化土地有偿使用制度改革，推进经营性基础设施用地有偿使用。根据投融资体制、国有企事业单位、农垦等相关领域改革要求，逐步缩小划拨用地范围。探索建立城乡统一的建设用地市场，完善城乡土地价格形成机制，使市场在资源配置中起决定性作用，更好发挥政府作用。

全面实施国有建设用地使用权网上交易。依托已建立的国有建设用地使用权网上交易平台，全面推进市、县土地使用权网上交易，建立健全网上交易风险防范机制。加强土地市场监测监管。规范土地市场，完善土地出让公告审查制度；提高信息技术应用水平，将各类土地供应信息及时纳入建设用地全程管理系统，确保在土地出让过程中各投资主体均享受同等待遇。发挥土地储备调控职能。规范土地储备行为，强化土地储备机构名录管理，积极推进土地储备机构职能调整，规范土地收储行为，稳妥开展政府土地储备专项债券发行工作，增强土地储备对城市土地市场的调控作用。

7.4.3 提高城乡建设用地利用效率（使用环节）

强化用途管制制度。探索城乡建设用地优化和人口、产业转移互动协调的新机制，推进以城市群为主要载体、大中小城市和小城镇协调发展的新型城镇化空间格局。探索建立以用途管制、权益管理为基础，覆盖地上地下空间的国土空间规划体系，划定基本农田边界线、城乡建设用地边界线和生态红线，建立土地用途转用许可的规划管理新模式。

盘活城镇存量用地。在工业用地调查的基础上，全面推进城镇低效用地再开发，采取收购储备、鼓励流转、协议置换、"退二进三"等各种方式推进城镇低效用地再开发，多措并举盘活存量用地。加快推进棚户区、城中村、旧厂房等的改造，积极支持和推动城镇低效用地再开发，盘活城镇存量建设用地。持续加大批而未供和闲置土地处置力度，整合各类建设用地审批、供应数据库，通过空间分析等技术手段，建立实时动态的批而未供和闲置土地主动发现、预警机制，开展新增建设用地开发利用状况调查与监测工作。

推动土地立体复合开发利用。采取多元化措施，积极推进土地复合利用、立体利用、综合利用，鼓励企业通过厂房加层、老厂改造、内部整理等提高土地利用率。持续推进功能齐全、设施先进的四层及以上配工业电梯高标准厂房建设与使用，为小微企业创新创业用地提供保障。探索科学合理开发利用地下空间资源。

专栏 7-3　江苏省探索地上地下空间综合利用、高标准厂房建设

2016 年，江苏省国土资源厅组织开展了江苏省地下空间开发利用情况调研，形成《关于促进江苏省地下空间开发利用工作的调研建议》，分析了江苏省地下空间开发利用工作基本情况和存在的问题，并就促进江苏省地下空间开发利用工作提出相关建议，得到了江苏省政府领导的充分肯定。

南京市科学规划引导地下空间开发，编制了南京市《人防工程与地下空间开发利用总体规划》，依据地下空间开发利用专项规划，在年度土地供应计划中有序安排地下空间开发利用用地项目，同时根据地下空间不同的规划用途，分别采取划拨、公开出让及协议出让方式分类供地，共办理划拨地下面积 29.1hm^2，出让地下面积 15.68hm^2。扬州市结合人防工程建设，引导新建小区人车分流开发利用地下空间，对公共设施及公益性项目建设，引导使用地下方式建设停车场。支持建设了荷花池水下停车场、广陵区人防地下综合空间等一批重点工程，形成了地下空间综合利用的示范效应。

江苏省国土资源厅会同江苏省经信委在全省范围内大力推进高标准厂房建设与使用。在符合环保和安全生产的前提下，推动用地规模小于 1.5hm^2，且适宜使用四层及四层以上配工业电梯高标准厂房的工业项目，建设使用高标准厂房，在为小微企业发展提供平台和载体的同时，鼓励和引导大中型企业自建自用高标准厂房，促进土地要素集聚和产业布局集中。2012～2016 年各地已建成竣工高标准厂房建筑面积共计 3466.85 万 m^2，有效促进了土地要素集聚和产业布局集中，为科技孵化器和中小微企业提供了用地支撑，有力支持了大众创业、万众创新。

发挥税收杠杆作用。优化城镇土地使用税政策,细化城镇土地使用税分档分类管理,通过适当调整不同等级土地的保有成本,倒逼企业高效利用土地资源,优化土地资源配置,促进产业转型升级和土地资源节约集约利用。

深度整合农村土地资源。大力推进农村土地资源整合,进一步提高农村土地的利用率和产出率,积极采取多种措施,着力推进农村建设用地减量化。在法律框架下,鼓励规范稳妥推进农村宅基地资源有偿退出,鼓励农民利用存量土地从事乡村旅游等新产业、新业态。

7.4.4　完善土地利用的跟踪监管（监管环节）

严格执行国家、省土地使用标准,对项目用地规模进行总体控制,切实提高项目用地单位面积投资强度和产出强度,严把建设项目用地准入关。"十三五"期间,江苏省将进一步压减粗钢、煤炭、水泥、平板玻璃等产能,并逐步开展纺织、印染、机械等"十小"行业的取缔整治工作,退出一批低端低效产能。要求各级土地资源管理部门认真贯彻落实国家和省有关产业政策,严格限制落后过剩产能项目用地,为地方政府有重点、有步骤地淘汰落后产能把好土地供应关口。依托江苏省"慧眼守土"工程建设成果,积极发挥国土资源综合动态智能监管系统检全天候监测监管功能。依托江苏省建设用地全程跟踪管理系统,以供地政策的落实和合同履约为重点,通过信息公示、预警提醒、开竣工申报、现场核查、跟踪管理、竣工验收、闲置土地查处、建立诚信档案等手段,实现对建设用地供后开发利用的全程监管。

建立城市土地利用动态评价与监测系统。土地利用预警系统的建设参照相关部门的预警系统建设经验,运用 GIS 定位系统和土地交易信息系统对土地利用现状与土地市场进行监测,并定期向社会公布监测情况,及时加强土地集约利用水平停滞不前甚至下降地区的用地管理。同时提高执法力度,加强土地利用动态监察。

建立土地利用动态巡查制度。依托江苏省建设用地全程跟踪管理系统,以供地政策的落实和合同履约为重点,通过信息公示、预警提醒、开竣工申报、现场核查、跟踪管理、竣工验收、闲置土地查处、建立诚信档案等手段,实现对辖区内建设用地供后开发利用的全程监管。

第8章　江苏省土地宏观调控绩效评价与监测预警

前文从用地总量和强度双控、区域协调、结构优化、效益提升等方面分析了江苏省土地宏观调控的机制和措施，但是这些调控手段是否实现了供给侧结构性改革的目标，需要进行调控绩效评价和反馈。本章重点分析土地宏观调控绩效评价的目的、内容和指标体系，阐述江苏省供给侧结构性改革下土地宏观调控监测手段和内容，并侧重从耕地保护红线预警和建设用地总量控制预警两个方面研究构建了调控监测预警机制。

8.1　江苏省土地宏观调控绩效评价

8.1.1　土地宏观调控绩效评价目的

开展土地宏观调控绩效评价，旨在深入全面地反映土地资源调控状况和效果，以客观地向人们提供多方面、多层次、多领域的国土资源信息，从而为经济社会的持续稳定发展服务。建立土地宏观调控绩效评价体系，一方面通过评价土地宏观调控形势，可以更直观地反映当前土地资源领域的运行现状和趋势，更好地发挥运用土地资源参与宏观调控的作用。另一方面通过开展土地宏观调控绩效评价，发掘出受经济社会发展影响较大的因素，能够反映出宏观经济形势对土地资源领域产生的影响。总之，开展土地宏观调控绩效评价有利于进行科学监测、预测和对比分析，使土地宏观调控决策更具科学性和说服力。

8.1.2　土地宏观调控绩效评价内容

1. 保障经济发展

1）经济总量

对工业化国家的经济社会发展历程研究表明，在工业化、城市化由初期到后期的不同发展阶段上，对土地资源的消耗呈现出由低到高再到低的倒 U 形规律。依据这一规律，在工业化、城市化的中期发展阶段，土地对支撑某一区域实现农业社会向工业社会转型发展的作用将被史无前例地凸显出来，控制土地供应对于控制资本、劳动等要素，进而影响投资、产出的重要作用自不待言，而对于地少人多的江苏省而言尤其如此。改革开放至今已有三十余年，这期间也是江苏省经济社会快速发展的黄金时期。数据显示，以不变价计算，2016 年的国内生产总值达到了 1997 年的 11.4 倍。为支撑这一发展奇迹，江苏省也付出了较大的土地代价：2016 年建设用地总量达到 229.32 万 hm^2，是 1997 年的 1.41 倍，导致了农地的大规模非农化。可见，经济较快增长必须有足够的土地要素投入发挥生产功能及承载功能,而长期以来的外延式经济增长模式更突出了土地对经济增长的重要支撑作用。

从相关性分析可以看出,江苏省的建设用地面积与 GDP、固定资产投资、财政收入的 Pearson 相关系数分别为 0.968、0.945、0.972,相关性非常显著。可见,建设用地扩张对经济发展的推动作用还是非常明显的。

进一步地,通过对江苏省近年来的 GDP 和建设用地面积做回归分析,可以对二者之间的关系有更深入的了解。GDP 和建设用地面积之间的回归方程为

$$y = 10.22x + 1619153.12$$
$$R^2 = 0.94$$

式中,GDP 为自变量,亿元;建设用地面积为因变量,hm^2。结果表明,1997~2016 年,GDP 每增加 1 亿元,建设用地面积要增加 $10.22hm^2$。

同样的,固定资产投资总额和建设用地面积之间的回归方程为

$$y = 14.86x + 1679204.55$$
$$R^2 = 0.90$$

式中,固定资产投资总额为自变量,亿元;建设用地面积为因变量,hm^2。结果表明,1997~2016 年,江苏省固定资产投资每增加 1 亿元,需要占用建设用地 $14.86hm^2$。

财政收入和建设用地面积之间的回归方程为

$$y = 34.34x + 1679134.82$$
$$R^2 = 0.95$$

式中,财政收入为自变量,亿元;建设用地面积为因变量,hm^2。结果表明,1997~2016 年,江苏省财政收入每增加 1 亿元,需要占用建设用地 $34.34hm^2$。

促进经济增长是宏观调控的最重要目标,也是提高人民生活水平的重要前提。可见,国土资源参与宏观调控的首要目标之一是促进经济增长,并保障其平稳运行。因此,这一类指标可用单位 GDP 耗地率、单位建设用地财政收入、单位建设用地固定资产投资额等指标来实现。

2)经济结构

目前,江苏省正处于快速工业化、城市化发展后期,其中也伴随着产业结构不断升级优化的过程,而土地利用结构和产业结构之间存在内在联系,土地利用结构和土地利用布局都是产业结构与布局的重要物质依托和空间表现形式,同时又在一定程度上制约着产业结构与布局的发展变化。土地合理利用与优化产业结构是一个问题的两个方面,二者的协调应得到高度重视。尤其在当前市场经济体制还有待完善、各种非经济因素对经济活动产生相对较大影响的情况下,土地政策通过对供地结构的调控来实现对产业结构的调控将更为明显。因此,产业结构的变化,第二、第三产业所占比重的变化,是对建设用地需求量研究的一项重要指标,二者的 Pearson 相关系数为 0.987,有着较强的相关性。

进一步地,对第二、第三产业所占比重和建设用地面积做回归分析,可以得到如下方程:

$$y = 67577.76x - 4235736.66$$
$$R^2 = 0.78$$

式中，第二、第三产业所占比重为自变量，%；建设用地面积为因变量，hm^2。结果表明，1997~2016 年，第二、第三产业所占比重每提高 1%，建设用地面积要增加 67577.76hm^2。

可见，促进产业结构调整，是运用土地政策参与宏观调控的又一重要目标。要实现国民经济持续稳定较快发展，必须把加强宏观调控作为更好地调整结构、深化改革和转变增长方式的契机，把宏观调控的着力点放在深化改革、调整结构、转变增长方式上，标本兼治。通过综合分析第三产业用地比例、新兴产业用地占工业用地比例的变化情况可以评判国土资源调控政策在优化经济结构方面的调控效果。

2. 促进社会和谐

土地是一种稀缺资源，而且具有位置的固定性和质量的差异性。因此土地政策必须要注意利用土地带给不同主体的公平问题。具体而言，土地政策维护的土地利用社会公平主要体现在土地利用的社会保障程度以及人与人之间利用土地的公平性。如公益设施问题和人们居住方面的生活公平问题，要尊重每个人都享有居住的基本权利和合理使用公共设施的权利，所以人均住宅用地面积、公益用地供应比例、民生用地保障以及单位建设用地第二、第三产业从业人员就是国土资源政策要考虑的重要内容。

另外，国土资源管理还要确保土地所有者都能平等地开发利用土地。因此，减少违法用地行为的发生就十分关键，这一方面指标可以用国土资源信访量来体现。

3. 推进城乡区域协调

区域经济发展不平衡的原因是多方面的，既有地理、文化、自然资源方面的因素，也有自身发展基础因素，更有经济体制转轨、国家区域发展战略与政策等因素。当前，江苏省正处于市场经济体制完善时期，尚有许多非经济因素仍严重影响着市场机制的运行。一方面，欠发达地区为追赶发达地区，使出浑身解数发展本地经济，由此极易造成盲目投资、重复建设；另一方面，发达地区也积极维护在经济发展中的领先地位，各地对经济发展都积极实行"地方保护主义"，生产要素得不到合理配置，资源比较优势得不到充分发挥，弱化了区际分工，造成了地区产业结构雷同，导致地区经济发展差距不断扩大。

土地资源的开发利用也在一定程度上决定着城乡的布局、规模、结构和形态等的发展特征。因此充分发挥土地宏观调控职能，通过统筹安排土地供应总量、结构、布局和时序，保障经济社会发展合理用地，坚持有保有压差别化供地，将有助于促进城乡的协调发展（图 8-1）。近年来，各地通过实施农村土地整治，开展城乡建设用地增减挂钩试点，为新农村建设和城乡统筹发展搭建了新的平台。特别是通过"田、水、路、林、村"综合整理和土地复垦开发，可以有效地补充耕地，不但适应了城乡统筹发展对建设用地的调整与需求，而且大大提高了耕地质量，改善了农村生产生活条件，优化了用地布局和结构，增加了农民收入。

研究选取分析城镇化效率、人均城镇用地面积、人均农村居民点面积、城乡建设用地增减挂钩面积、单位农用地第一产业从业人员的变化情况可以评判土地宏观调控政策在推进城乡统筹方面的调控效果。此外，整个指标体系构建完成后，各方面指标在江苏省内不同区域（或设区市）间的具体应用则将为促进区域协调发展提供调控指针和参考。

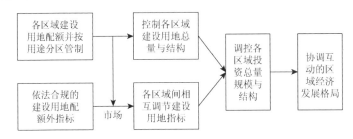

图 8-1　区域经济发展调控机制

4. 建设生态文明

土地作为生态要素，是生态保护与建设的重要组成部分。首先，土地本身就是一个生态系统，是万物生存、生活、繁育的基础。土地在调节气候、净化美化环境、维持生物多样性、涵养水源、固碳等方面发挥着重要作用。近年来，通过恢复工矿废弃地生态功能，加强退化土地防治，巩固生态退耕成果，努力构建生态良好的土地利用格局。其次，土地是历史文化传承的重要载体。城市和乡村是人类经济社会活动的聚集地，建筑是文化传承的载体，民居是乡风民俗的象征符号，土地的变迁见证了我国城镇和农村发展的历史，也传承了我国淳朴、宝贵的民俗民风，承载着厚重的历史文化。多年来，在城市建设、旧城改造、村镇整治过程中，注重统筹安排城乡土地利用空间布局，重视对历史文化名城、古村落和古民宅的保护，保护土地原有的风貌和农耕文化，保护和延续历史文化地区的格局、空间形态与风貌特色，在新的历史进程下，已显得越来越重要。

8.1.3　土地宏观调控绩效评价指标体系构建

1. 评价指标体系构建原则

1）科学性原则

科学性原则主要体现在理论和实践相结合，以及所采用的科学方法等方面。在理论上要站得住脚，同时又能反映评价对象的客观实际情况。无论采用什么样的定性、定量方法，还是建立什么样的模型，都必须是客观的抽象描述，抓住最重要的、最本质的和最有代表性的东西。对客观实际抽象描述得越清楚、越简练、越符合实际，科学性就越强。设计评价指标体系时，首先要有科学的理论做指导，使评价指标体系能够在基本概念和逻辑结构上严谨、合理，抓住评价对象的实质，并具有针对性。土地宏观调控绩效评价应建立在科学的基础上，结合专业知识，因地制宜地进行合理性分析，客观地表达出国土资源参与宏观经济调控的内涵、规律等本质性要素和事实情况。

2）系统性原则

评价对象必须用若干指标进行衡量，这些指标是互相联系和互相制约的。有的指标之间有横向联系，反映不同侧面的相互制约关系；有的指标之间有纵向关系，反映不同层次之间的包含关系。同时，同层次指标之间尽可能界限分明，避免相互之间有内在联系的若干组、若干层次的指标体系，体现出很强的系统性。一是以指标数量的多少及其体系的结构形式以系统优化为原则，即以较少的指标（数量较少，层次较少）较全面系统地反映评价对象的内容，既要避免指标体系过于庞杂，又要避免单因素选择，追求的是评价指标体系的总体最优或满意。二是评价指标体系要统筹兼顾各方面的关系，由于同层次指标之间存在制约关系，在设计指标体系时，应该兼顾到各方面的指标。三是设计评价指标体系的方法应采用系统的方法，如系统分解和层次结构分析法，由总指标分解成次级指标，再由次级指标分解成次级指标（通常人们把这三个层次称为目标层、准则层和指标层），并组成树状结构的指标体系，使体系的各个要素及其结构都能满足系统优化要求。也就是说，通过各项指标之间的有机联系方式和合理的数量关系，体现出对上述各种关系的统筹兼顾，达到评价指标体系的整体功能最优，客观地、全面地评价系统的输出结果。

3）全面性原则

土地宏观调控内涵丰富，包括了土地资源配置的方方面面，开展土地宏观调控绩效评价时应综合考虑评价对象与社会、经济、生态环境之间的关系，全面反映国土资源利用的综合水平。全面性要求国土资源利用中坚持全局意识、整体观念，把整个国土资源环境看成人与自然这个大系统中的一个子系统来对待，评价指标体系要综合地反映区域大系统中各子系统、各要素相互作用的方式、强度和方向等各方面的内容，是一个受多种因素相互作用、相互制约的系统的量。因此，必须全面地对待国土资源利用系统，并基于多因素来进行综合评估。但也要注意评价指标之间的独立性，只有选择相互独立的指标才能获得最优的评价结果。

4）通用可比原则

通用可比原则指的是不同时期以及不同对象间的比较，即纵向比较和横向比较。纵向比较即同一个对象这个时期与另一个时期作比较。评价指标体系要有通用可比性，条件是指标体系和各项指标、各种参数的内涵和外延保持稳定，用以计算各指标相对值的各个参照值（标准值）不变。横向比较即不同对象之间的比较，找出共同点，按共同点设计评价指标体系。对于各种具体情况，采取调整权重的办法，综合评价各对象的状况加以比较。对于相同性质的部门或个体，往往很容易取得可比较的指标。

5）实用性原则

实用性原则指的是实用性、可行性和可操作性。一是指标要简化，方法要简便。评价指标体系要繁简适中，即评价指标体系不可设计得太烦琐，在能基本保证评价结果的客观性、全面性的条件下，指标体系尽可能简化，减少或去掉一些对评价结果影响甚微的指标。二是数据要易于获取。评价指标所需的数据要易于采集，无论是定性评价指标还是定量评价指标，其信息来源渠道必须可靠，并且容易取得。否则，评价工作难以进行或代价太大。三是整体操作要规范。各项评价指标及其相应的计算方法和各项数据都要标准化、规范化。四是要严格控制数据的准确性，能够实行评价过程中的质量控制，即对数据的准确性和可靠性加以控制。

2. 核心指标体系的总体框架

基于以上分析，构建了如表 8-1 所示的江苏省土地宏观调控绩效评价指标体系框架。

从整个指标体系的构成来看，根据江苏省经济社会发展的需求和宏观调控的要求，从保障经济发展、推进社会和谐、促进城乡区域统筹和建设生态文明四个方面构建了 15 个核心指标（表 8-1）。整个核心指标体系由两类指标构成。一类是监测类指标，这类指标的数据主要通过各级国土资源管理部门监测获取；另一类是分析类指标，这类指标的数据要在国土资源管理部门监测获取相关数据的基础上，结合其他相关部门的监测信息计算获得。由于分析类指标的数据与经济社会发展和生态环境保护之间的关系十分密切，因此需要紧密配合有关部门做好相关指标的监测与信息获取工作。

表 8-1　江苏省土地宏观调控绩效评价指标体系

一级指标	二级指标	指标类型	监测周期
提升经济发展质量	单位 GDP 耗地率	分析类	年度
	单位建设用地财政收入	分析类	年度
	单位建设用地固定资产投资额	分析类	年度
	第三产业用地比例	监测类	季度
	新兴产业用地占工业用地比例	监测类	季度
推进社会和谐	人均住宅用地面积	分析类	年度
	公益用地供应比例	监测类	季度
	民生用地供应面积	监测类	季度
	单位建设用地第二、第三产业从业人员	分析类	年度
	国土资源信访量	监测类	季度
促进城乡区域统筹	城镇化效率	分析类	年度
	人均城镇用地面积	分析类	年度
	人均农村居民点面积	分析类	年度
	城乡建设用地增减挂钩面积	监测类	季度
	征地补偿的市场化程度	监测类	季度
建设生态文明	耕地变化量	监测类	季度
	土地整理开发复垦面积	监测类	季度
	人均绿地面积	分析类	年度
	单位建设用地废弃物排放量	分析类	年度
	单位建设用地碳排放量	分析类	年度

3. 核心指标解释

1）单位 GDP 耗地率

单位 GDP 耗地率即增加单位 GDP 所消耗的建设用地面积,可以反映用地的集约利用水平。单位 GDP 耗地率 = 建设用地总面积/GDP。

2）单位建设用地财政收入

当前，土地资源已成为地方政府获取财政收入，支撑地方经济建设和社会发展的重要财富之源。单位建设用地财政收入 = 财政收入/建设用地总面积。

3）单位建设用地固定资产投资额

单位建设用地固定资产投资额 = 固定资产投资额/建设用地总面积。

4）第三产业用地比例

商服用地供应规模/用地供应总规模。其中，商服用地是指用于商业、服务业的土地。

5）新兴产业用地占工业用地比例

当期新兴产业用地供应面积/当期工业用地供应面积。

6）人均住宅用地面积

住宅用地总面积/常住人口总数。

7）公益用地供应比例

当期公益用地供应面积/当期建设用地供应总量。其中，公益用地是指各类学校、医院、体育场馆、图书馆、文化馆、幼儿园、托儿所、敬老院、防疫站等社会公益事业建设所规划使用的土地。

8）民生用地供应面积

主要是指包括当期经济适用住房用地、廉租住房用地等保障性住房用地的供应面积。

9）单位建设用地第二、第三产业从业人员

（第二产业从业人员 + 第三产业从业人员）/建设用地总面积。

10）国土资源信访量

信访制度和信访工作是我国政治生活中的一项重要内容，也是党和政府密切联系群众、了解民意社情、品鉴政策得失的重要渠道，因此做好信访工作关系到社会安定稳定大局。

11）城镇化效率

$$城镇化效率 = \frac{(第n年城镇人口 - 第(n-1)年城镇人口) / 第(n-1)年城镇人口}{(第n年建设用地面积 - 第(n-1)年建设用地面积) / 第(n-1)年建设用地面积}。$$

12）人均城镇用地面积

人均城镇用地面积 = 城镇用地总面积/城镇总人口。

13）人均农村居民点面积

根据国家相关规定，人均农村居民点用地面积的上限为 $150m^2/$人，而现阶段各地人均用地规模普遍超过国家标准。计算公式为：人均农村居民点规模 = 农村居民点用地总面积/农村总人口。

14）城乡建设用地增减挂钩面积

城乡建设用地增减挂钩是指依据土地利用总体规划，将若干拟整理复垦为耕地的农村建设用地地块（即拆旧地块）和拟用于城镇建设的地块（即建新地块）等面积共同组成建新拆旧项目区（以下简称项目区），通过建新拆旧和土地整理复垦等措施，在保证项目区内各类土地面积平衡的基础上，最终实现增加耕地有效面积，提高耕地质量，节约集约利用建设用地，城乡用地布局更合理的目标。

15）征地补偿的市场化程度

通过比较各地的征地补偿标准与当地同类土地的市场价格，以当期补偿标准与当期土地市场价格间的比值来衡量征地补偿的市场化程度，若补偿标准大于土地市场价格，则以最大值 1 衡量。

16）耕地变化量

耕地变化量 = 第 n 年耕地总面积–第$(n–1)$年耕地总面积。

17）土地整理开发复垦面积

土地整理开发复垦面积 = 土地整理面积 + 土地复垦面积 + 土地开发面积。

18）人均绿地面积

人均绿地面积 = 绿地总面积/常住人口总数。

19）单位建设用地废弃物排放量

以当期废水、废气和固体废弃物排放量与建设用地总面积间的比值来衡量。

20）单位建设用地碳排放量

单位建设用地碳排放量 = 当期区域碳排放量/建设用地总面积。

8.2　江苏省土地宏观调控监测

8.2.1　监测内容与指标

土地宏观调控监测是通过及时、准确、全面地采集反映土地宏观调控状况的动态数据，对土地宏观调控过程中的总量调控、区域调控、结构调控、效益调控的各项指标进行监督、测量、分析、预测和评估，及时预报警情，揭示土地利用管理与宏观调控目标和土地宏观调控政策之间的吻合或背离程度，从而修正土地宏观调控方向和手段。一个完善的监测指标体系必须具备解释功能、评价功能及预测功能，在因子选取过程中，既要考虑选取表征土地宏观调控的一般性因素，又要根据江苏省的特殊情况，选取切合实际的指标，故设计总量调控、区域调控、结构调控、效益调控四个方面项指标，反映江苏省土地利用状况和调控水平。

总量调控监测。经济发展要以保护优先，坚持绿色发展，处理好保护资源和保障发展之间的关系，保障经济社会环境协调发展。总量调控监测包括耕地和永久基本农田保护边界、生态保护红线、城镇开发边界、土地开发强度等，从总量上监测土地利用动态变化是否突破红线，用于衡量经济社会发展与土地利用的持续协调健康状况。主要监测指标包括耕地保护红线、基本农田保护红线、建设用地总规模、生态红线规模。

区域调控监测。制定和实行差别化的土地政策，促进区域经济社会持续和协调发展。江苏省提出了"1+3"重点功能区战略，要实现发展思路和路径的转变、行政区经济向功能区经济的转变、从同质竞争向协同发展转变"三个转变"，需要制定相应的土地政策支撑"1+3"重点功能区战略。区域调控监测包括土地规划、土地利用计划、高标准农田建设方案、国土资源节约集约综合评价考核等相关政策的跟踪监测，针对已实施的国土资源管理政策制定是否科学、管理决策执行是否得利进行监测，确保政策的实施能达到预期效果。主要监测指标包括新增建设用地规划指标区域结构、土地利用年度计划区域结构。

结构调控监测。土地利用结构优化是土地宏观调控的重要目标，是促进宏观经济结构优化升级、推进供给侧结构性改革的重要手段。结构调控监测包括城乡建设用地结构、城镇建设用地结构、产业用地结构、土地供应类型等监测，主要针对江苏省存在的建设用地规模扩张过快、功能规划尚不完善、低效利用问题突出等现实，从优化土地资源供应结构入手，优用存量、优配增量、主动减量，有效促进产能过剩有效化解。主要监测指标包括土地开发强度、城乡建设用地结构、工业用地占城镇建设用地比重。

效益调控监测。供给侧结构性改革的落脚点是提升经济增长的质量和效益，土地宏观调控最终体现到土地利用效益上。效益调控监测包括建设用地投入产出效益、土地利用强度、低效闲置土地处置、土地生态效益等监测，严把新建项目用地准入关、实施城镇低效用地开发利用、消化利用批而未供土地和推进闲置土地处置等途径，提高节约集约用地水平和产出水平。主要监测指标包括建设用地地均 GDP 增长率、单位 GDP 建设用地占用下降率、存量建设用地盘活规模。

8.2.2　监测手段

为了加强土地宏观调控，江苏省围绕土地宏观调控绩效评价的核心指标开展了监测工作，监测手段包括全省国土资源综合监管平台、全天候监测、土地变更调查、农村建设用地调查、城镇地籍数据调查等手段。

1. 全省国土资源综合监管平台

2012 年，国土资源部办公厅印发了《国土资源部办公厅关于加快推进国土资源遥感监测"一张图"和综合监管平台建设与应用的通知》（国土资厅发〔2012〕42 号），要求各级国土资源主管部门把"一张图"工程和综合监管平台作为规范与创新管理工作的重要抓手，将综合监管平台的建设与应用成效列入省级国土资源信息化工作年度考核的要点。2013 年，江苏省实施了"一张图"建设工程，建成"一张图"核心数据库和行政审批、建设用地远程报批、综合监管三大平台。2014 年，国土资源综合监管平台上线运行。

综合监管系统的建设目标是：面向全省国土资源管理方式转变，以信息化为基础，以管理制度为保障，围绕创新监管方式，提高监管质量和效率。通过将信息化广泛深入运用到国土资源各领域、各环节，汇集、分析并集中展示国土资源及其开发利用状况、国土资源管理行为、土地与矿业权市场动态等信息，实现对全省国土资源开发利用全过程全周期的动态监测监管与调控。

利用国土资源"一张图"数据库建设技术和国土资源综合监管平台，全面掌握国土资源及其调查、勘测、规划、管理、保护和利用等国土资源管理相关内容，进行全过程监管，为土地宏观调控提供决策支撑（图 8-2）。

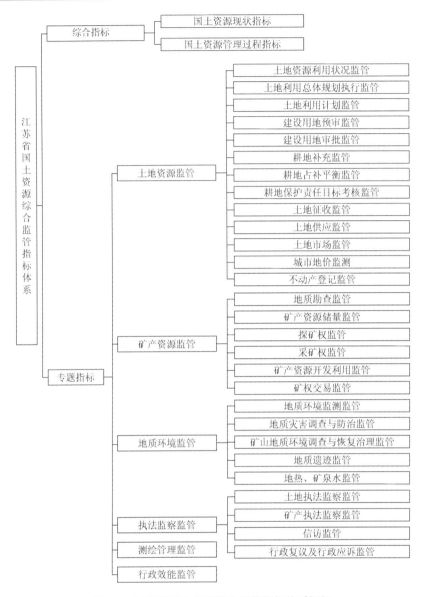

图8-2 江苏省国土资源综合监管指标体系框架

专栏8-1 盐城市国土资源"慧眼守土"智能监管平台建设

2014年6月以来，盐城市国土资源局以盐都分局为试点，提出以科技创新为抓手，以建设法治国土为主线，以节约集约用地"双提升"为目标，以维护权益为根本的工作思路，以"互联网＋"的理念，创新国土资源管理方式，构建以"一张图"历史静态数据平台为基础，融合视频监控采集实时动态数据对土地资源的利用情况进行实时跟踪、动态监控的集数字化、网络化、自动化、智能化为一体的国土资源"慧眼守土"智能监管平台。

（1）科技与业务融合，土地利用时空变化全掌控。运用科技化手段，实现地块定位、实景可视、实时监管的"图、数、地"一致的精准化管理，将管理的视野从平面转为立体，扩大监管范围，建立实时数据与历史数据、系统数据与部门数据共享、共融、共通的大数据平台。各业务科室派员进驻中心，实行集中办公，对全区的土地利用进行实时、动态监管。

（2）数据与决策融合，大数据支撑决策"大智库"。以土地利用现状图、规划图、年度卫片、天地图等基础地理信息数据为支撑，将土地供应、土地利用现状、土地登记、基本农田保护、耕地占补平衡、规划管控等各项国土资源业务，全部纳入监管平台进行管理，实现业务数据的完整、现势和共享。实时采集全区建设用地、规划、矿产、执法监察等业务的动态信息数据，与平台存储的全区土地供应、土地利用现状、土地登记等国土资源历史静态信息数据进行重新分类、追踪、研判，形成信息集成专题数据库"云"，直观动态地分析土地利用和管理中的基本情况、发展趋势和存在问题，以满足不同的业务需求。

（3）管理与服务融合，构建多部门共同责任机制。集成城市规划、产业规划、政务专题等部门数据，增强国土资源工作服务社会功能。整合建设用地跟踪管理、基本农田管护、地政地籍管理、执法监察等业务，实现了国土资源管理业务全覆盖和社会服务的信息化。结合"一张图"工程、行政审批平台、对外服务平台，积极推行行政审批制度改革，按照审批服务职能向一个科室集中、科室整建制向行政服务中心集中、行政审批事项向电子政务平台集中，构建市、县、镇三级监测网络，形成了自上而下的"慧眼"智能监管体系。同时，与公安、金融、工商、环保等部门资源共享，减少了企业和社会公众在土地报批和土地登记中填报信息的工作量，简化程序，促进业务联动。

（4）机制与效能融合，架设便民利民"立交桥"。盐都分局成立 1 个一级监管指挥中心、6 个监管处置中心、13 个二级监管分中心，实行交互式标准化流程管理。一级监管指挥中心设在盐都分局，各业务科室派员进驻，实行集中办公。一旦发现问题，立即向国土资源管理所发出现场勘查的指令，根据采集的数据、照片、视频进行分析判断，按职责转各监管处置中心负责处置。监管处置中心由各业务科室组成，负责承办指挥中心转交的具体业务事项，并反馈承办结果。二级监管分中心设在各乡（镇）国土资源管理所，对辖区内土地利用情况进行跟踪监管。发现问题立即向指挥中心申请核查，并按指令执行各项工作任务。构建覆盖土地管理"批、供、用、补、查、登"全流程以及国土资源管理工作业务的审批、监管和决策支持系统，提供专业的 GIS 图形展示和分析功能，为审批决策服务。构建实时视频效能监控系统，对服务大厅及国土资源管理所工作人员的工作状态进行实时视频效能监控，随时了解业务办理现场及各服务大厅的实际情况。

2. 全天候遥感监测

2014 年，国土资源部启动了全天候遥感动态监测，在年度全覆盖遥感监测"一张图"

基础上，以新增建设用地为重点监测对象，综合应用多种监测手段和方法，建立健全工作机制，构建遥感监测天网，形成全天候监测的工作能力，及早发现违法违规用地，为实现对国土资源管理的全方位、多层次、实时监控监管提供有效支撑和保障（图8-3）。

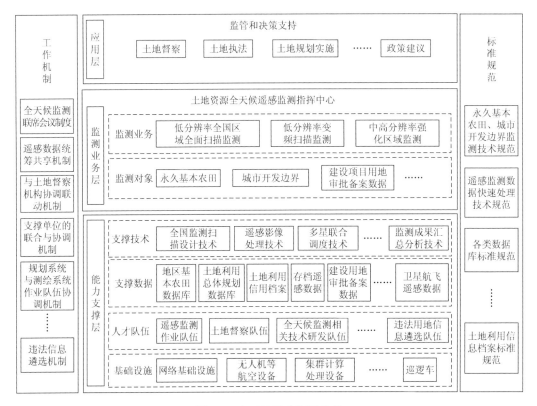

图 8-3　全天候遥感监测体系

江苏省按照国家的部署，构建了基于国家航天、航空平台支持下的资源三号卫星及后续卫星、无人机、地面等一体的"天空地"遥感综合平台，多途径采集多源、多精度、多时相的遥感数据，提高全天候全方位数据获取能力，建立国土资源调查、监测、监管与应急的"天空地"一体化技术体系。基于全天候遥感监测平台，开展土地宏观调控要素的快速提取技术和要素特征的反演方法应用，对土地利用进行监测，主要包括建设用地监测、违法用地监测、"批而未用"土地监测、基本农田占用监测、耕地现状变化调查，为土地宏观调控提供实时数据支撑。

3. 土地资源调查评价

立足于江苏省国土资源省情，完善土地资源调查监测规程和标准，加强土地资源调查和动态监测，摸清和实时掌握资源家底，为土地宏观调控提出基础数据支撑。

土地利用年度变更调查。土地利用年度变更调查是一项重要的国情国力调查，是全面查清年度土地利用变化情况，获取土地基础数据的重要途径。依法开展土地变更调查与遥感监测，掌握真实准确的土地利用基础数据，是科学规划、合理利用、有效保护国土资源和切实维护群众权益的重要前提，是实施建设用地总量与强度"双控"、耕地保护责任目标考核，以及土地督察和执法监察等国土资源管理工作的依据，也是衡量国土资源开发利用管理水平的重要标尺。通过开展土地变更调查，持续更新土地调查成果，能够维护国土资源"一张图"工程和综合监管平台有效运行，强化"以图管地"，为进一步推进政府简政放权、转变职能、加强事中事后监管提供重要保障。

农村建设用地调查监测。江苏省人口密度大、土地资源少，建设用地不断增加，开发强度不断增高。2016 年全省土地开发强度为 21.4%，居全国省（自治区、直辖市）之首；人均农村建设用地超过 400m^2，远远超过国家规定标准。但是，由于调查精度和统计口径的差异，土地变更调查中的村庄用地内并非全是建设用地，有一定比例的其他用地。2017 年，江苏省启动农村建设用地调查，通过调查，一方面摸清农村建设用地家底，了解全省真实的土地开发强度；另一方面可以查清农村建设用地的分布和结构，盘活农村存量建设用地，优化农村建设用地布局，真正落实江苏省委省政府提出的"把坚守土地开发强度的警戒线作为刚性要求"的工作任务，实现建设用地总量和强度"双控"目标。

城镇地籍数据调查。城镇地籍数据调查是对城镇土地利用现状、土地利用结构、部分村庄内部土地利用现状进行调查，形成城镇土地利用现状汇总表、城镇土地利用现状一级分类按权属性质汇总表、村庄土地利用现状表。城镇地籍调查成果能够为分析省（区、市）辖区内城镇土地利用结构、利用效率、利用潜力及发展方向，为国土资源管理、社会经济发展提供准确、可靠的数据支撑，为效益调控提供基础依据。

8.3　江苏省土地宏观调控预警

江苏省人多地少，人均耕地面积远低于全国平均水平，苏南地区土地开发强度已接近国际警戒线。随着工业化、城镇化的快速推进，江苏省土地资源约束愈加紧张。如果继续大量占用耕地，无序低效粗放利用土地，粮食安全将受到严重威胁，经济发展也将越来越不可持续。坚持最严格的耕地保护制度和节约用地制度，建立土地宏观调控的耕地保护红线预警和建设用地开发强度预警机制，对严守耕地红线，严格控制土地开发强度红线，保护生态红线都具有重要意义。

8.3.1　耕地保护红线预警

耕地是粮食安全的基石，是生态系统的基础，是农业和农村发展的根基。耕地红线，指经常进行耕种的土地面积最低值。2016 年，江苏省实有耕地 458.02 万 hm^2，可调整耕地 58.15 万 hm^2。国家下达江苏省 2020 年耕地保护目标为 456.87 万 hm^2，2030 年为 456.33 万 hm^2。江苏省将上述目标分解到了各设区市。

对耕地保护红线进行预警，设置五个预警级别，分别为红色预警、橙色预警、黄色预警、蓝色预警和无警，各预警标准见表 8-2。

表 8-2　耕地保护红线预警标准表

监测结果	标准解释
红色预警	近五年耕地净减少，现状耕地小于 2020 年耕地保有量目标，且区域内耕地后备资源年均可补充耕地量小于近五年耕地减少量
橙色预警	近五年耕地净减少，现状耕地小于 2020 年耕地保有量目标，区域内耕地后备资源年均可补充耕地量大于近五年耕地减少量
黄色预警	近五年耕地呈净增加趋势，现状耕地小于 2020 年耕地保有量
蓝色预警	近五年耕地净减少，现状耕地大于 2020 年耕地保有量目标
无警	近五年耕地呈净增加趋势，耕地面积大于 2020 年保护目标

1. 近五年耕地变化情况

根据江苏省 2011～2016 年土地利用变更流量，统计全省近五年的耕地增减情况。根据表 8-3，近五年全省建设占用耕地 8.08 万 hm²，农业结构调整等其他原因减少耕地 2.20 万 hm²，共计 10.28 万 hm²；通过土地整治等途径新增耕地 9.30 万 hm²，全省耕地净减少 0.98 万 hm²。13 个设区市中，常州市、淮安市、盐城市、扬州市、宿迁市 5 市耕地面积净增加，其中扬州市和盐城市的净增规模较多。其余 8 个市的耕地均呈净减少，其中减少最多的是苏州市，减少了 0.30 万 hm²，南京市、泰州市两市的减少规模也较大，为 0.26 万 hm² 和 0.27 万 hm²。

表 8-3　江苏省 2011～2016 年耕地变化情况　　　　（单位：万 hm²）

行政区	耕地减少			耕地增加					耕地净增减
	合计	建设占用	其他减少	合计	土地整理	土地复垦	土地开发	其他	
江苏省	10.28	8.08	2.20	9.30	3.34	3.57	2.22	0.17	-0.98
南京市	0.74	0.64	0.10	0.48	0.18	0.25	0.04	0.01	-0.26
无锡市	0.53	0.49	0.04	0.35	0.20	0.11	0.04	0.00	-0.18
徐州市	1.01	0.73	0.28	0.81	0.12	0.30	0.38	0.01	-0.20
常州市	0.48	0.41	0.07	0.54	0.33	0.17	0.02	0.02	0.06
苏州市	1.14	0.86	0.28	0.84	0.33	0.37	0.14	0.00	-0.30
南通市	1.15	0.93	0.22	1.06	0.14	0.61	0.31	0.00	-0.09
连云港市	0.51	0.40	0.11	0.45	0.08	0.12	0.25	0.00	-0.06
淮安市	0.69	0.58	0.11	0.75	0.16	0.32	0.24	0.03	0.06
盐城市	1.34	0.97	0.37	1.50	0.76	0.37	0.36	0.01	0.16
扬州市	0.52	0.44	0.08	0.72	0.39	0.23	0.06	0.04	0.20
镇江市	0.55	0.47	0.08	0.38	0.09	0.19	0.10	0.00	-0.17
泰州市	0.83	0.60	0.23	0.56	0.33	0.16	0.07	0.00	-0.27
宿迁市	0.79	0.56	0.23	0.86	0.23	0.37	0.21	0.05	0.07

2. 耕地后备资源分布

根据江苏省耕地后备资源调查成果（表 8-4），全省到 2020 年土地整治可新增耕地 17.29 万 hm²，其中农用地整理可新增耕地 1.00 万 hm²，占后备资源潜力的 5.8%；农村建设用地整理可新增耕地 7.74 万 hm²，占后备资源潜力的 44.8%；损毁土地复垦可新增耕地 3.50 万 hm²，占 20.2%；工矿废弃地复垦可新增耕地 2.35 万 hm²，占 13.6%；宜耕未利用地开发可新增耕地 2.70 万 hm²，占 15.6%。

总体来看，江苏省耕地后备资源趋于贫乏，补充耕地最大的来源是农村建设用地整理。长期以来，江苏省的耕地后备资源集中在沿海滩涂资源丰富的盐城市、南通市。根据江苏省近海海洋综合调查与评价专项调查资料，海涂总面积 65.21 万 hm²，约占全国海涂总面积的 1/4。1950～2015 年，江苏省共开垦 33.75 万 hm² 沿海滩涂资源，为江苏省耕地占补平衡做出了巨大贡献。近年来，随着国家对生态环境保护重视程度的提高，严格控制滩涂围垦，为江苏省耕地占补平衡带来了巨大压力。

表 8-4　江苏省耕地后备资源　　　　　　　　　（单位：万 hm²）

行政区	合计	农用地整理	农村建设用地整理	损毁土地复垦	工矿废弃地复垦	宜耕未利用地开发
江苏省	17.29	1.00	7.74	3.50	2.35	2.70
南京市	1.08	0.15	0.70	0.08	0.08	0.07
无锡市	0.82	0.01	0.10	0.59	0.08	0.04
徐州市	3.00	0.10	1.89	0.11	0.31	0.59
常州市	1.29	0.12	0.49	0.44	0.18	0.06
苏州市	1.02	0.08	0.63	0.06	0.09	0.16
南通市	0.93	0.04	0.57	0.09	0.10	0.13
连云港市	1.10	0.05	0.20	0.08	0.28	0.49
淮安市	1.40	0.02	0.72	0.25	0.22	0.19
盐城市	2.06	0.13	0.37	0.62	0.42	0.52
扬州市	1.05	0.07	0.45	0.30	0.16	0.07
镇江市	0.89	0.01	0.45	0.15	0.17	0.11
泰州市	1.12	0.10	0.19	0.56	0.11	0.16
宿迁市	1.53	0.12	0.98	0.17	0.15	0.11

注：数据引自《江苏省土地整治规划（2016—2020 年）》

3. 全省耕地保护红线预警

按照耕地保护红线预警规则，对 13 个设区市耕地保护预警状态进行分析。根据表 8-5，江苏省 2016 年耕地面积大于国家确定的 2020 年耕地保有量目标，但近五年耕地呈净减少，耕地红线保护处于蓝色预警状态。如图 8-4 所示，13 个设区市中，只有盐城市处于无警状态。处于蓝色预警的设区市共 6 个，包括南京市、无锡市、徐州市、南通市、连云港市和镇江市，其 2016 年耕地面积大于 2020 年耕地保有量目标，但近五年耕地面积净减少。处于黄色预警的设区市共 4 个，包括常州市、淮安市、扬州市和宿迁市，这些设区市近五年耕地处于净增长，但 2016 年耕地面积低于 2020 年耕地保有量目标，需要将部分可调整耕地纳入耕地目标考核。处于橙色预警的设区市是泰州市，该市近五年耕地净减少，2016 年耕地面积小于 2020 年耕地保有量目标，区域内耕地后备资源年均可补充耕地量大于近五年耕地减少量。处于红色预警的设区市是苏州市，该市近五年耕地净减少，现状耕地面积小于 2020 年耕地保有量目标，且区域内耕地后备资源年均可补充耕地量小于近五年耕地减少量。总体而言，江苏省的耕地保护压力大，13 个设区市只有一个处于无警状态，而处于黄色预警及以上的设区市有 6 个。

表 8-5　江苏省耕地保护预警　　　　　　　　（单位：万 hm^2）

行政区	2016 年耕地面积	2020 年耕地保有量目标	近五年耕地净增减	近五年耕地年均减少量	耕地后备资源整治年均增加耕地量	耕地红线预警类型
江苏省	458.02	456.87	−0.98	2.06	3.46	蓝色预警
南京市	23.60	22.84	−0.26	0.15	0.22	蓝色预警
无锡市	11.49	11.08	−0.18	0.11	0.16	蓝色预警
徐州市	60.81	57.63	−0.2	0.20	0.60	蓝色预警
常州市	15.03	15.41	0.07	0.09	0.26	黄色预警
苏州市	15.96	19.86	−0.3	0.23	0.20	红色预警
南通市	44.35	44.29	−0.09	0.23	0.19	蓝色预警
连云港市	39.17	37.47	−0.06	0.10	0.22	蓝色预警
淮安市	47.31	47.60	0.05	0.14	0.28	黄色预警
盐城市	83.67	81.54	0.16	0.27	0.41	无警
扬州市	28.55	30.06	0.19	0.11	0.21	黄色预警
镇江市	15.50	15.17	−0.17	0.11	0.18	蓝色预警
泰州市	29.48	30.17	−0.26	0.17	0.22	橙色预警
宿迁市	43.12	43.73	0.07	0.16	0.31	黄色预警

8.3.2　建设用地总量控制预警

　　建设用地扩张是耕地保护和生态空间保护面积压力的主要原因，强化建设用地总量控制，建立基于历史-现状-目标的总量控制预警，有助于直观把握各地的建设用地指标控制的压力状况，便于制定相应的年度计划控制方向。

　　采用现状建设用地规模与规划目标年年均建设用地增长空间和近五年年均建设用地净增规模的比值来衡量未来建设用地总量控制的压力，设置红色预警、橙色预警、黄色预警、蓝色预警和无警五个预警级别，各预警标准见表 8-6。

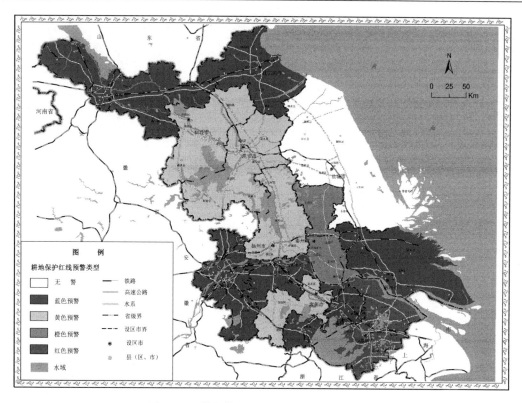

图 8-4　江苏省耕地保护红线预警（2016 年）

表 8-6　建设用地规模预警标准表

监测结果	评价标准	内涵
红色预警	$a<40$	建设用地增长很快，突破建设用地总量控制目标概率很大，需要严格控制民生和基础设施建设以外的各类项目审批，加大存量建设用地集约挖潜，推进建设用地减量化
橙色预警	$40\leqslant a<60$	建设用地增长快，突破建设用地总量控制目标概率大，需要大力提高存量建设用地在土地供应中的比例，推进建设用地减量化
黄色预警	$60\leqslant a<80$	建设用地增长较快，突破建设用地总量控制目标概率较大，需要合理安排新增建设用地，严格控制项目审批，大力开展低效闲置土地复垦利用
蓝色预警	$80\leqslant a<100$	建设用地增长基本可控，突破建设用地总量控制目标概率较低
无警	$a\geqslant 100$	建设用地增长可控

注：$a=[(A-B)/n]/C\times 100$。式中，A 为规划建设用地总量控制目标；B 为现状建设用地总量；C 为近五年年均建设用地净增规模；n 为剩余年限

1. 建设用地总量变化

2016 年，江苏省建设用地总规模 229.39 万 hm^2，与 2011 年相比，增加 10.39 万 hm^2，年均增加 2.08 万 hm^2（表 8-7）。13 个设区市中，增量最大的是南通市，增加 1.34 万 hm^2；其次是苏州市，增加 1.29 万 hm^2；居第三位的是盐城市，增加 1.18 万 hm^2。总体来看，苏南和苏中地区是近五年建设用地增加规模加大的地区，苏北五市中连云港市、淮安市和

宿迁市的增量均不足 0.6 万 hm^2。随着"一带一路"和江苏省沿海开发战略的实施，江苏省沿海地区成为建设用地增加的高点，其中南通市和盐城市的建设用地增量居全省 13 个设区市的第一和第三。

表 8-7　近五年建设用地总量变化　　　　　　　　（单位：万 hm^2）

行政区	2011 年现状	2016 年现状	五年增加规模	近五年年均增量
江苏省	218.93	229.32	10.39	2.08
南京市	17.98	18.93	0.95	0.19
无锡市	14.36	15.06	0.70	0.14
徐州市	23.83	24.70	0.87	0.17
常州市	11.23	11.80	0.57	0.11
苏州市	24.17	25.46	1.29	0.26
南通市	19.99	21.33	1.34	0.27
连云港市	17.39	17.93	0.54	0.11
淮安市	16.41	16.92	0.51	0.10
盐城市	27.02	28.20	1.18	0.24
扬州市	12.49	12.99	0.50	0.10
镇江市	9.56	10.14	0.58	0.11
泰州市	11.07	11.85	0.78	0.16
宿迁市	13.43	14.01	0.58	0.12

2. 2020 年建设用地总量控制目标

江苏省现行土地利用总体规划确定，到 2020 年全省建设用地总量控制在 236.13 万 hm^2 以内，与 2016 年建设用地现状规模相比，全省建设用地总量增长空间为 6.81 万 hm^2，年均可用地的增量空间为 1.70 万 hm^2。根据表 8-8，13 个设区市中，剩余可用建设用地增量最大的是淮安市，为 0.73 万 hm^2；其次是盐城市，剩余可用建设用地增量 0.64 万 hm^2。剩余可用建设用地增量最小的是苏州市，仅为 0.18 万 hm^2。现行土地利用总体规划修编中，江苏省为了通过土地利用方式转型促进产业转型升级，对土地开发强度过高的苏南地区在新增建设用地规划指标方面予以严控，倒逼存量建设用地集约挖潜，加之近年来苏南地区建设用地增加依然较为显著，导致剩余建设用地空间趋紧。

表 8-8　剩余规划建设用地总量空间　　　　　　　　（单位：万 hm^2）

行政区	2016 年现状	2020 年规划目标	剩余可用建设用地增量	年均可用增量
江苏省	229.32	236.13	6.81	1.70
南京市	18.93	19.36	0.43	0.11
无锡市	15.06	15.27	0.21	0.05
徐州市	24.70	25.12	0.42	0.11

续表

行政区	2016 年现状	2020 年规划目标	剩余可用建设用地增量	年均可用增量
常州市	11.80	12.11	0.31	0.08
苏州市	25.46	25.64	0.18	0.05
南通市	21.33	21.85	0.52	0.13
连云港市	17.93	18.33	0.40	0.10
淮安市	16.92	17.65	0.73	0.18
盐城市	28.20	28.82	0.62	0.16
扬州市	12.99	13.53	0.54	0.14
镇江市	10.14	10.46	0.32	0.08
泰州市	11.85	12.32	0.47	0.12
宿迁市	14.01	14.60	0.59	0.15
预留指标	0.00	1.07	1.07	0.27

3. 建设用地总量控制预警

根据建设用地总量控制预警规则，对全省建设用地总量预警状态进行分析（表 8-9 和图 8-5）。从省域尺度，全省 2011～2016 年年均建设用地增量为 2.08 万 hm²，2017～2020 年剩余建设用地年均可用增量为 1.70 万 hm²，是近五年年均增量的 82%，处于蓝色预警阶段。13 个设区市中，处于无警阶段的有 3 个，分别为淮安市、扬州市和宿迁市，剩余建设用地年均可用增量与近五年年均建设用地增量比值高于 100%。处于蓝色预警的连云港市，比值为 91%，建设用地增长基本可控，突破建设用地总量控制目标概率较低。处于黄色预警阶段的有 5 个，分别为徐州市、常州市、盐城市、镇江市和泰州市，建设用地增长较快，突破建设用地总量控制目标概率较大，需要合理安排新增建设用地，严格控制项目审批，大力开展低效闲置土地复垦利用。处于橙色预警阶段的有 2 个，分别为南京市和南通市，建设用地增长快，突破建设用地总量控制目标概率大，需要大力提高存量建设用地在土地供应中的比例，推进建设用地减量化。处于红色预警阶段的有 2 个，分别为无锡市和苏州市，其中苏州市剩余建设用地年均可用增量与近五年年均建设用地增量比值仅为 19%，未来两年内突破建设用地总量控制目标的概率很大。

总体来看，江苏省建设用地总量控制压力大，13 个设区市中，处于黄色预警阶段以上的有 9 个，需要大力实施节约集约用地"双提升"行动，实施"空间优化、五量调节、综合整治"战略，大力提高节地水平。

表 8-9　江苏省建设用地总量控制预警　　　　　（单位：万 hm²）

行政区	2011～2016 年年均建设用地增量	2017～2020 年剩余建设用地年均可用增量	比值	建设用地总量预警
江苏省	2.08	1.70	82%	蓝色预警
南京市	0.19	0.11	57%	橙色预警
无锡市	0.14	0.05	37%	红色预警

续表

行政区	2011~2016年年均建设 用地增量	2017~2020年剩余建设用地 年均可用增量	比值	建设用地总量预警
徐州市	0.17	0.11	61%	黄色预警
常州市	0.11	0.08	70%	黄色预警
苏州市	0.26	0.05	18%	红色预警
南通市	0.27	0.13	48%	橙色预警
连云港市	0.11	0.10	91%	蓝色预警
淮安市	0.10	0.18	178%	无警
盐城市	0.24	0.15	65%	黄色预警
扬州市	0.10	0.13	133%	无警
镇江市	0.11	0.08	70%	黄色预警
泰州市	0.16	0.12	76%	黄色预警
宿迁市	0.12	0.15	128%	无警

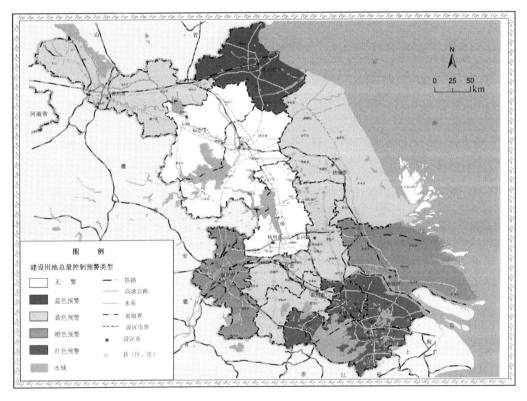

图 8-5　江苏省建设用地总量控制预警（2016年）

8.3.3　基于调控预警的差别化用地政策

对各设区市耕地保护和建设用地总量控制预警状态对土地宏观调控的压力进行量化，

红色预警压力值设为 10，橙色预警为 8，黄色预警为 6，蓝色预警为 4，无警为 0，取两个指标预警的平均值衡量调控压力。综合"1+3"重点功能区、国家和区域发展战略，从规划、计划、管理等提出与差别化土地配置及空间管制政策，引导江苏省各地区土地资源的优化配置及合理布局，以科学指导江苏省国土资源的开发、利用和保护，促进国土资源有效集聚利用和城乡统筹发展（表 8-10）。

表 8-10　差别化土地宏观调控政策

行政区	耕地保护红线预警	建设用地总控控制预警	调控压力程度	差别化土地宏观调控方向
南京市	蓝色预警	橙色预警	较大	严格控制建设用地总规模，限制新增用地，挖掘存量建设用地潜力，提升产业用地供应结构层次
无锡市	蓝色预警	红色预警	大	严格控制建设用地总规模，严格限制新增用地，充分挖掘存量建设用地潜力，提升产业用地供应结构层次
徐州市	蓝色预警	黄色预警	较小	合理拓展建设用地新空间，积极开展工矿废弃地复垦，优化土地利用结构
常州市	黄色预警	黄色预警	较大	控制建设用地总规模，限制新增用地，积极开展农村土地综合整治，提高耕地占补平衡能力
苏州市	红色预警	红色预警	很大	严格控制建设用地总规模，严格限制新增用地，大力挖掘存量建设用地潜力，大力开展农村土地综合整治
南通市	蓝色预警	橙色预警	较大	严格控制建设用地总规模，限制新增用地，引导已围垦滩涂深度利用，保障临港产业用地供应
连云港市	蓝色预警	蓝色预警	小	合理配置新增建设用地，提升国土产出效益强度，引导产业用地集中布局，合理布局沿东陇海线产业
淮安市	黄色预警	无警	小	合理拓展建设用地新空间，适度提高开发强度，积极发展绿色生态农业
盐城市	无警	黄色预警	小	合理拓展建设用地新空间，引导已围垦滩涂深度利用，保障临港产业用地供应
扬州市	黄色预警	无警	小	合理配置新增建设用地适度开发，积极发展绿色生态农业，积极开展农村土地综合整治，提高耕地补充能力
镇江市	蓝色预警	黄色预警	较小	合理配置新增建设用地，提升国土产出效益强度，引导产业用地集中布局
泰州市	橙色预警	黄色预警	大	控制建设用地总规模，限制新增用地，提升国土产出效益强度，大力开展农田土地综合整治，提高耕地补充能力
宿迁市	黄色预警	无警	小	合理配置新增建设用地，适度提高土地开发强度，积极发展绿色生态农业

第9章　面向新时代的土地宏观调控愿景

进入新时代，立足新的历史方位、时代坐标，立足社会主要矛盾变化解决发展中存在的不平衡、不充分问题，江苏省围绕高质量发展，提出了经济发展高质量、改革开放高质量、城乡建设高质量、文化建设高质量、生态环境高质量、人民生活高质量这"六个高质量"发展任务，深入推进"两聚一高"新实践，加快建设"强富美高"新江苏。为适应新时代的建设和发展，江苏省国土资源围绕供给侧结构性改革这一主线，进一步健全完善"两保一调"新机制，深入实施节约集约用地"双提升"行动，推进国土资源工作系统化提升，高质量发展。

9.1　总结：基于供给侧结构性改革的土地宏观调控机制

9.1.1　总量调控机制

江苏省土地开发强度已经处于较高水平，推进供给侧结构性改革要求江苏省对建设用地总量与强度实行调控。在此背景下，江苏省提出了生态保护红线、耕地保护红线和开发强度红线"三条红线"保护战略，坚持保护与开发并重、开源与节流并举、节地与提效并进，统筹区域、城乡、陆海发展，着重推进国家发展战略区域，节约集约用地制度机制创新，促进区域差别化特色化协调发展。耕地保护红线的制度创新包括强化耕地保护的用途管制制度、切实提高补充耕地等级、加强耕地保护的监管制度、完善耕地保护的约束激励机制等；生态保护红线的制度创新有建立健全生态补偿机制、建立生态红线保护数据库、完善生态红线保护信息反馈机制等；开发强度红线的制度创新包括建立低效用地退出机制、多规协同的"红线"管控机制以及区域合理土地开发强度考核与评估制度等。

9.1.2　区域调控机制

江苏省在已有区域发展的基础上，根据国家区域经济发展的重大战略，基于区域资源环境承载力评价分析和区域均衡发展要求，打造"1+3"重点功能区，即以扬子江城市群作为经济主战场，同时打造沿海经济带、江淮生态经济区和徐州淮海经济区中心城市。江苏省根据各区域土地资源主导功能差异、经济社会发展阶段差异、资源环境承载力差异等因素，实施差别化的区域土地利用管理政策，构建区域差别化土地调控机制，主要包括：①严格控制增量指标，推动指标精细化管理。②灵活运用存量指标，规范后备土地资源交易。③协调省市指标分配，健全土地市场机制。④完善评估考核制度，适度实施激励调剂。⑤健全共同责任机制,形成共管共用格局。⑥科学优化人口与资源环境、土地利用配置,积极提升资源环境承载力。

9.1.3　结构调控机制

推进供给侧结构性改革,需要以"创新、协调、绿色、开放、共享"的理念引领土地资源利用,从优化土地资源供应结构入手,优用存量、优配增量、主动减量,有效促进产能过剩有效化解,促进产业优化重组,降低企业用地成本。同时,要求不断完善供地政策,精准保障重大产业项目、民生项目和创新项目用地,大力支持先进制造业、战略性新兴产业、现代服务业,新产业、新业态和大众创业、万众创新用地,着力提高土地资源供给质量和效率。江苏省土地结构调控从国土空间结构、城乡建设用地结构、城镇用地内部结构和产业用地结构四个维度开展,在改革土地管理体制、统一城乡土地市场、推动建设用地综合管理、探索江苏省特色城乡建设用地增减挂钩和"人地挂钩"机制等方面开展政策机制创新。

9.1.4　效益调控机制

江苏省紧密围绕供给侧结构性改革这一主线,推进改革创新,严格控制建设用地规模,优化配置新增建设用地,积极盘活存量建设用地,有序调整土地利用结构,以政策创新、制度创新和机制创新,实现节地水平和产出效益双提升。提升节地水平和产出效益的创新路径包括:①开展城镇建设用地和农村建设用地调查,为效益调控提供基础支持。②加大存量低效建设用地盘活利用,开展镇低效用地再开发、农村建设用地整治、工矿废弃地复垦利用。③着力提高新建项目土地利用效益,实施差别化供地政策,严格用地标准和项目用地考核。④大力推进闲置土地处置。建立闲置土地预防和发现新机制,加强闲置土地处置监督检查,根据闲置土地的成因予以分类处置。⑤促进开发区土地集约利用。

9.1.5　土地宏观调控绩效评价与监测机制

为了深入全面地反映土地宏观调控效果,以客观地向人们提供多方面、多层次、多领域的土地资源信息,本书从保障经济发展、推进社会和谐、促进城乡区域统筹和建设生态文明四个方面构建了土地宏观调控绩效评价指标体系。为了加强土地宏观调控,江苏省启动了土地资源全天候遥感监测工作,初步实现了全覆盖监测的工作目标,在土地调查、卫片执法、土地利用等方面形成了监测和数据分析成果。本书重点从耕地保护红线预警和建设用地总量控制预警两个方面研究了土地宏观调控预警工作,将全省划分成 5 种不同程度的预警区域,按照预警等级由高到低设置为红色预警区、橙色预警区、黄色预警区与蓝色预警区和无警区,并进行差别化调控。

9.2　展望：面向新时代的土地宏观调控愿景

习近平总书记在党的十九大上指出，中国特色社会主义进入了新时代，意味着近代以来久经磨难的中华民族迎来了从站起来、富起来到强起来的伟大飞跃，迎来了实现中华民族伟大复兴的光明前景；意味着科学社会主义在二十一世纪的中国焕发出强大生机活力，在世界上高高举起了中国特色社会主义伟大旗帜；意味着中国特色社会主义道路、理论、制度、文化不断发展，拓展了发展中国家走向现代化的途径，给世界上那些既希望加快发展又希望保持自身独立性的国家和民族提供了全新选择，为解决人类问题贡献了中国智慧和中国方案。

这个新时代，是承前启后、继往开来、在新的历史条件下继续夺取中国特色社会主义伟大胜利的时代，是决胜全面建成小康社会、进而全面建设社会主义现代化强国的时代，是全国各族人民团结奋斗、不断创造美好生活、逐步实现全体人民共同富裕的时代，是全体中华儿女勠力同心、奋力实现中华民族伟大复兴中国梦的时代，是我国日益走近世界舞台中央、不断为人类做出更大贡献的时代。

中国特色社会主义进入新时代，我国社会主要矛盾已经转化为人民日益增长的美好生活需要和不平衡不充分的发展之间的矛盾。我国稳定解决了十几亿人的温饱问题，总体上实现小康，不久将全面建成小康社会，人民美好生活需要日益广泛，不仅对物质文化生活提出了更高要求，而且在民主、法治、公平、正义、安全、环境等方面的要求日益增长。同时，我国社会生产力水平总体上显著提高，社会生产能力在很多方面进入世界前列，更加突出的问题是发展不平衡不充分，这已经成为满足人民日益增长的美好生活需要的主要制约因素。

必须认识到，中国特色社会主义进入新时代和我国社会主要矛盾的变化，对土地宏观调控提出了新的要求。我们要在原有工作的基础上，不断创新土地宏观调控的手段和政策，不断优化土地宏观调控的策略和机制，着力解决好发展不平衡不充分问题，大力提升发展质量和效益，更好满足人民在经济、政治、文化、社会、生态等方面日益增长的需要，更好推动人的全面发展、社会全面进步。

9.2.1　调控促两保

面对新形势、新挑战、新要求、新任务，江苏省需要建立国土资源保护、保障和调控新机制。"两保一调"新机制是新形势下落实保护资源、节约集约、维护权益、改革创新工作的要求，全面深入推进供给侧结构性改革的重要着力点，更是落实中央要求的有效抓手和制度机制保障。"两保一调"新机制是一个有机整体，互相促进、互相影响，是辩证统一的关系。通过总量控制、结构调整、布局优化、用途管制等调控手段的充分发挥，可以让保护更加有效；通过综合运用规划计划管控的管理手段、资源市场化配置的经济手段和土地使用制度改革的行政手段，充分发挥调控的组合效应，可以让保障更加有力。保护的精细化水平、保障的精准化程度，是调控职能是否主动发挥作用的具体体现，也是调控手段是否精明有效的直接检验。落实供给侧结构性改革战略部署，必须找准保护、保障和调控三者推进的平衡点和着力点，不能偏执一方、顾此失彼；只有"三位一体"综合施策，才能充分实现服务支撑效应的最大化。调控是为了更好地保护和保障，提升保护和保障的质量，为其保驾护航；保护和保障反作用于调控，调控应根据保护和保障的新形势、新情况做出相应的调整。

9.2.2　调控促创新

利用土地宏观调控促使科技创新、理论创新、制度创新、实践创新和管理创新，大力提升土地资源的保护和利用水平。这要求我们加快推动藏粮于地战略的落地；创新规划管控、计划调节和用地用矿标准倒逼等调控手段，推进城乡资源高效利用，坚决守住开发强度警戒线，切实提高节地水平和产出效益；深入推进供给侧结构性改革，集中释放要素潜力，促进形成以创新为引领的经济体系和发展方式，助推经济发展顺利冲出转型的关口。就江苏省而言，今后一段时间需要重点做好以下几项工作：一是打造国土资源改革试点"江苏模式"。深入推进苏州市"三优三保"行动、南通市"陆海统筹"、淮安市"新型城镇化土地使用制度改革"等试点工作。深化"以地控税、以税节地"工作，进一步推广试点工作。统筹协调推进常州市武进区农村土地征收、集体经营性建设用地入市、宅基地制度改革三项试点任务，为全省土地制度改革积累有益经验。二是进一步彰显江苏省国土资源工作品牌特色。历时近三年，"四全"服务模式基本建成，实现省市县全覆盖，打造了具有江苏特色的国土资源行政审批制度改革样本，入选全省第二批法治实践优秀案例。今后，要继续推进"四全"服务品牌提升实现突破。以"高效、便民、阳光"为理念，研究制定"四全"服务模式建设标准，推动"四全"服务模式纳入国家标准体系，提升"四全"服务品牌形象。全省"慧眼守土"工程建设试点任务全部完成。盐城市在全省率先实现"慧眼守土"工程市县全覆盖。在总结这些经验的基础上，推进全省"慧眼守土"综合监管体系建设，建成覆盖全省的"慧眼守土"视频监测网络，开发国土资源综合监管平台，整合建设用地全程监管系统，开发完成全省产业用地绩效评价管理系统，完善全省地质环境与地质灾害动态监测网络系统。初步形成江苏省国土资源"天空地网"监测监管体系，提升全省国土资源综合监管与快速反应能力。三是率先探索区域性的国土空间规划。《苏南现代化建设示范区土地利用战略规划》已获省政府批准实施，《江苏沿海地区国土空间规划》已通过专家论证，上报待批。接下来，可根据江苏省委省政府的战略部署，做好"1+3"重点功能区的国土空间规划，推进全省区域均衡、协调发展。

9.2.3　调控促改革

要按照供给侧结构性改革的要求，通过土地宏观调控，以建设用地精准供给为指引，统筹发挥政府和市场作用，扩大有效和中高端供给，促进经济社会改革向纵深推进。①深入推进"三去一降一补"。严把建设项目用地、用矿准入关，禁止向过剩产能和低水平重复产能供地、批矿。坚持因城因地施策，进一步优化土地供应结构。指导地方和企业用好产业用地政策，努力降低用地成本。规范做好土地储备等相关工作，认真落实去杠杆要求。坚持补硬短板和补软短板齐抓，补发展短板和补制度短板并重，发挥国土资源更大服务支撑作用。②精准保障发展用地需求。优先保障重大基础设施、先进制造业、战略性新兴产业、现代服务业的合理用地需求，倾斜支持民生、科技创新、文化创意项目用地和新产业用地，加大对乡村振兴和扶贫开发的支持力度，对保障性安居工程用地应保尽保。强化农业农村发展用地保障，严格落实新增建设用地计划确定一定比例支持农村新产业新业态发展的要求。③发挥市场在资源配置中的决定性作用。强力推进采矿权网上交易。建立健全建设用地使用权和矿业权网上交易风险防控机制。强化房地产用地市场监测，科学编制土地供应计划，合理安排土地供应数量和节奏。加强土地储备机构业务监管。④坚持生态保护优先，促进地质勘查与生态环境保护的协调发展。统筹各类资金投入，科学部署找矿突破战略行动第三阶段各项工作。推进绿色能源资源勘查，实现经济发展与节能环保共赢。⑤改进和优化建设用地预审和用地审查。认真落实国土资源部关于改进和优化建设用地预审和用地审查的部署要求，不断改进和优化省级建设项目用地预审和用地审查管理。

9.2.4　调控促发展

通过土地宏观调控促进经济社会的健康、可持续发展。①大力推进低效用地再开发。采取收购储备、鼓励流转、协议置换、"退二进三"等多种方式，促进城镇低效用地再开发。将低效用地再开发任务与新增建设用地计划指标同步下达，并将完成情况与新增建设用地计划使用挂钩。开展工业用地年度更新调查，建设完善成果数据库。②认真做好批而未供和闲置土地处置。严格执行土地利用动态巡查制度，促进已供土地开发建设。建立闲置土地预防机制。继续跟踪督促闲置土地处置。大力推进农村土地资源整合，进一步提高农村土地的利用和效益。③进一步建立存量建设用地盘活利用激励机制。在总结目前实践经验的基础上，建立健全低效用地再开发激励约束机制，充分调动土地权利人和社会各方参与低效用地再开发的积极性，探索形式多样的再开发模式，有序推进低效用地再开发。④多部门协同推进城市地下空间开发利用，出台相应管理办法、技术标准、制定规划，积极鼓励和引导地下空间开发利用。⑤建议各地结合地方实际，从改革供地方式、出让金支付、实施差别化地价政策等多方面建立和完善符合企业发展规律、产业生命周期和产业发展方向的工业用地供应措施和办法，同时多渠道、多方式加大宣传引导力度，及时总结和推广相关经验。⑥建议循序渐进地推进农村不动产权籍调查工作，在解决历史遗留问题的同时，要抓好农村新增宅基地和新建农房的管理。加强争议权属调整，解决历史遗留问题。⑦耕地红线保护目标逐步由数量向数量-质量并重转变，稳步提升耕地质量。对于划入可调整的地类要有一个质量认定，利用农用地分等定级、土壤地质调查测评等进行分析，完善现有和后备耕地资源质量等级评定。同时耕地占补平衡也要有一个产能核算标准的认定，要先评定等级后验收。实施耕作层剥离再利用制度，用于补充耕地的质量建设。⑧建立以产能核算平衡为基础的耕地占补平衡制度，以产能核算为基础，建立不同等级耕地之间的折算系数，实现耕地数量、质量占补的动态平衡。

参 考 文 献

伯齐. 1995. 应充分发挥土地的宏观调控作用[J]. 中国土地，（5）：31.

曹红辉，熊文. 2015. 如何认识供给侧改革的基本内涵[J]. 人民论坛，（36）：24-26.

陈海燕. 2011. 转变经济发展方式背景下土地集约利用机理研究[D]. 南京：南京农业大学.

陈龙. 2016. 供给侧结构性改革：宏观背景、理论基础与实施路径[J]. 河北经贸大学学报，37（5）：18-21+38.

刁琳琳，严金明. 2012. 中国土地政策参与宏观调控的传导机制——一个基于修正的 IS-LM 模型的理论诠证[J]. 中国土地科学，（12）：48-56.

杜新波. 2004-06-03. 土地供给，保障经济稳定和安全[N]. 中国国土资源报.

杜新波，陈彦渊. 2008. 运用土地财政工具参与宏观调控的传导机制研究[J]. 中国国土资源经济，（3）：28-30+47.

方大春. 2016. 供给侧结构性改革理论根基及其路径[J]. 当代经济管理，38（12）：1-5.

方福前. 2016. 供给侧结构性改革需回答的两个问题[J]. 理论探索，（3）：5-9.

方敏，胡涛. 2016. 供给侧结构性改革的政治经济学[J]. 山东社会科学，（6）：92-98+134.

丰雷. 2010a. 土地宏观调控的政策体系设计——基于中国实践的分析[J]. 经济问题探索，（9）：99-104.

丰雷. 2010b. 土地与宏观经济：改革开放以来的中国实践[M]. 北京：中国建筑工业出版社.

冯广京. 1996. 土地政策：中国第三种宏观调控措施——国家体改委副主任乌杰谈土地宏观调控[J]. 中国土地，（4）：7-8.

冯广京，蒋仁开，张冰松，等. 2013. 新型城镇化建设需要进一步完善土地调控政策——"我国城镇化中土地宏观调控方向研讨会"综述[J]. 中国土地科学，27（7）：93-96.

冯广京，等. 2017. 土地供给侧结构性改革研究[M]. 北京：科学出版社.

冯志峰. 2016. 供给侧结构性改革的理论逻辑与实践路径[J]. 经济问题，（2）：12-17.

甘藏春. 土地宏观调控创新理论与实践[M]. 北京：中国财政经济出版社.

郭贯成，邹伟. 2012. 土地政策参与宏观调控的 SWOT 分析[J]. 国土资源科技管理，29（2）：107-112.

郭贯成，吴群. 2010. 农地资源不同价值属性的产权结构设计实证[J]. 中国人口·资源与环境，20（4）：143-147.

郭洁. 2004. 土地关系宏观调控规范若干问题探讨[J]. 政法论坛，22（1）：108-113.

国家行政学院经济学教研部. 2016. 中国供给侧结构性改革[M]. 北京：人民出版社.

洪银兴. 2016. 准确认识供给侧结构性改革的目标和任务[J]. 中国工业经济，（6）：14-21.

侯飞. 2013. 发挥土地政策宏观调控作用的对策研究[D]. 北京：财政部财政科学研究所.

胡鞍钢，周绍杰，任皓. 2016. 供给侧结构性改革——适应和引领中国经济新常态[J]. 清华大学学报（哲学社会科学版），（2）：17-22.

胡鞍钢，周绍杰，任皓. 2016. 供给侧结构性改革——适应和引领中国经济新常态[J]. 社会科学文摘，（8）：11-13.

胡建平，胡玉婷. 1997. 建立与市场经济相适应的土地宏观调控机制[J]. 柴达木开发研究，（5）：46-52.

黄凌翔. 2009. 土地政策宏观调控运行机制及工具创新研究[M]. 天津：南开大学出版社.

黄凌翔，陈学会. 2005. 土地政策作为宏观调控手段的理论和实践探讨[J]. 经济问题，（2）：17-19.

黄小虎. 1992. "大跃进"和 60 年代初的经济调整及其经验教训[J]. 学术论坛，（4）：29-35.

江苏省国土资源厅. 2016. 面向新常态的节约集约用地战略体系：江苏省"双提升"行动理论与实践[M].

北京：中国大地出版社.

靳相木. 2007. 地根经济：一个研究范式及其对土地宏观调控的初步应用[M]. 杭州：浙江大学出版社：65.

孔祥智. 2016. 农业供给侧结构性改革的基本内涵与政策建议[J]. 改革，（2）：104-115.

雷飞. 2014. 土地政策参与宏观调控存在的问题及对策探讨[J]. 现代经济信息，（14）：7-8.

李翀. 2016. 论供给侧改革的理论依据和政策选择[J]. 经济社会体制比较，（1）：9-18.

李建建. 2004. 对土地政策参与宏观调控的若干思考[J]. 东南学术，（S1）：148-150.

李善同，许召元，刘云中，等. 2006-12-07. 宏观经济形势及土地参与宏观调控作用的分析[EB/OL]. 国研网.

李双权. 2008. 我国土地政策参与宏观调控的作用机制研究[D]. 北京：首都经济贸易大学.

李元. 1998. 土地供应总量要实行必要控制——致'98 土地供应总量控制对策研讨会的一封信[J]. 中国土地，（7）：4.

李智，原锦凤. 2015. 基于中国经济现实的供给侧改革方略[J]. 价格理论与实践，（12）：12-17.

梁佳. 2011. 土地政策对经济增长的作用机制研究[J]. 学理论，（10）：129-130.

林卫斌，苏剑. 2016. 供给侧改革的性质及其实现方式[J]. 价格理论与实践，（1）：16-19.

刘剑锋，余明全，秦奋，等. 2006. 论土地政策参与宏观调控的机制建设[J]. 中国国土资源经济，（5）：4-6+46.

刘书楷，曲福田. 2004. 土地经济学[M]. 北京：中国农业出版社.

刘伟. 2016. 经济新常态与供给侧结构性改革[J]. 管理世界，（7）：1-9.

刘艳君. 2006. 土地供给参与宏观调控的传导机制研究[D]. 武汉：华中农业大学.

卢为民. 2008. 土地政策与宏观调控[M]. 北京：经济科学出版社.

卢为民. 2010. 宏观调控中的土地政策传导机制[J]. 浙江学刊，（3）：189-191.

卢为民. 2016. 推动供给侧结构性改革的土地制度创新路径[J]. 城市发展研究，23（6）：66-73.

卢为民. 2017. 供给侧结构性改革与土地管理制度创新[J]. 国土资源情报，（3）：3-11.

马俊峰. 2010-06-23. 集约用地，我们唯一的选择[N]. 中国国土资源报，第 2 版.

孟祥舟. 2004. 土地供应与宏观调控一对当前土地政策的一点思考[J]. 中国土地，（7）：8-10.

孟星. 2005. 城市土地的政府管制研究[D]. 上海：华东师范大学.

戚名琛. 1994. 论地租地价对城市土地利用的调节作用[J]. 中国土地科学，（S1）：16-20+10.

曲福田，陈江龙，冯淑怡，等. 2001. 经济发展与土地持续利用[M]. 北京：人民出版社.

邵捷传. 1996. 地租和地价是国家直接掌握的宏观经济调控的杠杆[J]. 中国土地科学，（S1）：63-65.

申宝刚，汪应宏. 2006. 对土地政策参与宏观调控的几点认识[J]. 国土资源科技管理，23（6）：29-32.

孙亮，石建勋. 2016. 中国供给侧改革的相关理论探析[J]. 新疆师范大学学报（哲学社会科版），（3）：75-82.

谭高. 2017. 供给侧结构性改革内涵、意义与实践路径分析[J]. 当代经济，（4）：20-22.

唐荣，孙萍，张景奇. 2010. 土地政策参与宏观调控手段的完善[J]. 资源开发与市场，（6）：531-534.

唐银亮. 2009. 土地管理参与宏观调控的理论探讨[J]. 国土资源情报，（2）：42-47.

王克强，郑旭，张冰松，等. 2016. 土地市场供给侧结构性改革研究——基于"如何推进土地市场领域的供给结构侧改革研讨会"[J]. 中国土地科学，30（12）：3-9+24.

王世元. 2014. 新型城镇化之土地制度改革路径[M]. 北京：中国大地出版社.

王兴，杜新波，杨景胜. 2011. 土地宏观调控的机制框架与对策研究[J]. 资源与产业，（2）：57-62.

王一鸣，陈昌盛，李承健. 2016-03-29. 正确理解供给侧结构性改革. 人民日报，第 7 版.

魏莉娜. 2006. 土地参与宏观调控政策研究[D]. 南京：南京农业大学.

文建东，宋斌. 2016. 供给侧结构性改革：经济发展的必然选择[J]. 新疆师范大学学报（哲学社会科学版），2：20-27.

吴次芳，谭永忠. 2004. 内在基础与外部条件——土地政策作为宏观调控工具的初步分析[J]. 中国土地，（05）：9-10.

习近平. 2017. 主动适应、把握、引领经济发展新常态，着力推进供给侧结构性改革[J]. 党的文献，（4）：3-18.

夏明文. 2000. 土地与经济发展：理论分析与中国实证[M]. 上海：复旦大学出版社.

肖林. 2016. 中国特色社会主义政治经济学与供给侧结构性改革理论逻辑[J]. 科学发展，（3）：5-14.

许光建. 2016. 加强供给侧结构性改革为实现"十三五"发展目标奠定良好基础[J]. 价格理论与实践，（1）：12-15.

严金明. 2001. 中国土地利用规划[M]. 北京：经济管理出版社.

杨志荣. 2009. 土地供给政策参与宏观调控的理论与实证研究：基于风险控制的视角[M]. 成都：电子科技大学出版社.

郧文聚. 2011. 土地整治规划概论[M]. 北京：地质出版社.

张波，阎弘文，刘新华. 2005. 土地宏观调控应注意的问题[J]. 中国土地，（6）：6-7.

张秋舫. 2000. 健全城市土地管理体制 规范城市土地交易市场——关于北京市土地隐形市场的调查报告[A]. 课题研究报告与论文选编（1995年-2000年）[C].

张为杰，李少林. 2016. 经济新常态下我国的供给侧结构性改革：理论、现实与政策[J]. 当代经济管理，38（4）：40-45.

张先锋，程瑶. 2003. 土地金融政策对区域经济调控的内在机理分析[J]. 国土经济，（9）：13-16.

张勇. 2008. 改革开放后土地使用制度的重要成果——土地政策调控房地产市场的机理分析与评价[J]. 北京社会科学，（5）：18-22.

张宇星. 1996. 试论我国土地市场的宏观调控[J]. 舟山师专学报，（4）：35-39.

赵燕菁. 2004. 宏观调控与制度创新[J]. 城市规划，28（9）：11-21.

赵宇. 2017. 供给侧结构性改革的科学内涵和实践要求[J]. 党的文献，（1）：50-57.

郑振源. 2012. 建立适应土地资源市场配置的国家宏观调控体系[J]. 中国土地科学，26（3）：14-17+54.

钟景涛. 2004. 宏观调控中的土地政策分析[J]. 中国房地产，（9）：39-41.

夏鸣. 2011. 城乡统筹发展路径创新探索——"万顷良田建设工程"理念与实践[M]. 北京：中国大地出版社.

余斌，魏加宁等. 2016. 新形势下完善宏观调控理论与机制研究[M]. 北京：中国发展出版社.

高延利，李宪文. 2015. 中国土地政策研究报告（2016）[M]. 北京：社会科学文献出版社.

李涛. 2012. 中国土地市场：运行机制、宏观调控和绩效评价[M]. 北京：经济科学出版社.

沈春竹，金志丰，王静. 2017-07-24. 供给侧发力 差别化施策——江苏省"一带一路"保障形势分析[N]. 中国国土资源报.

朱凤武，金志丰，崔飞飞，等. 2015. 苏南地区土地利用格局变化研究[J]. 长江流域资源与环境，（S1）：23-29.

Charnes A，Cooper W W，Rhodes E. 1978. Measuring the efficiency of decision making units[J]. European Journal of Operational Research，6（2）：429-444.